U0588232

名师名校名校长

凝聚名师共识
回应名师关怀
打造名师品牌
培育名师群体

赵晓明遗影

润文化人

德育课程融合实践思考

朱能法 著

 中国出版集团　　现代出版社

图书在版编目（CIP）数据

润文化人：德育课程融合实践思考 / 朱能法著. —
北京：现代出版社，2022.11

ISBN 978-7-5231-0038-7

Ⅰ.①润… Ⅱ.①朱… Ⅲ.①德育工作—研究 Ⅳ.
①G41

中国版本图书馆CIP数据核字（2022）第219448号

润文化人：德育课程融合实践思考

作　　者	朱能法	
责任编辑	张红红	
出版发行	现代出版社	
地　　址	北京市安定门外安华里504号	
邮政编码	100011	
电　　话	010-64267325　64245264	
网　　址	www.1980xd.com	
印　　制	北京政采印刷服务有限公司	
开　　本	710mm×1000mm　1/16	
印　　张	12	
字　　数	192千字	
版　　次	2022年11月第1版　　2022年11月第1次印刷	
书　　号	ISBN 978-7-5231-0038-7	
定　　价	68.00元	

版权所有，翻印必究；未经许可，不得转载

五育并举，立德树人，承德纳新，尽善尽美。学校德育与社会德育、家庭德育是一个发展性、创新性强的系统，具有十分鲜明的、与时俱进的时代特色。因此，根据新丰县人民政府相关文件，新丰县实验小学是一所以招收留守儿童（包含进城务工、外省外市在新丰县务工人员子女）为主体生源的新创办公立小学，属于公益一类事业单位。学校紧紧围绕"家庭教育、学校教育、社会教育紧密结合、协调一致"的内容设计了德育课程。而且为了深入贯彻《中小学德育工作指南》精神和中共中央办公厅、国务院办公厅《关于进一步减轻义务教育阶段学生作业负担和校外培训负担的意见》精神，作者对多年在学校管理中德育具有实效性的实践思考做了系统的梳理，形成了这一本实例式著作。

首先，学校德育是文化育人。植根于当地区域特色，与当地社会发展愿景共鸣的学校德育文化才具有生命力。以作者现在所管理的新丰县实验小学为例，学校倡导的春风化雨、润物无声的德育"润文化"就是与学校所在地——新丰县上千年建县历史一脉相承的，新丰县地处广东省粤北，是一个小山城，县域有一座名为"云髻山"的高峰，主峰海拔1400多米，有诗曰："久闻宁邑一名山，果见崎岖不等闲。云发不梳新样髻，玉容未改旧时颜。月为銮镜霜为粉，霞作胭脂雪作环。想是亚婆千古在，天为罗帐地为毯。"（清康熙状元：彭定求）从山脚下涌出一股清泉，汇流成一条清澈无比的母亲河——新丰江，这条母亲河无私哺育了广东省的河源市、惠州市、东莞市、深圳市等重要城市，以及东方明珠——香港，据说，香港人每天喝的七杯水中，就有一杯是由新丰江供应的。缘于此，新丰县实验小学的德育理念形成了，内容是，文明：江源文明；文化：润文化；理念：承德纳新，尽善尽美；德育实践方法：育善、育美。

其次，学校德育是需要重视实践育人的。但是学校德育实践性具有其自身的特点——体系化、课程化，它跟家庭德育的随机性、社会德育的零散性有很大的不同。在作者近30年的教育工作历程中，一直坚持"讷于言，敏于行"，激发学生内省力，增强学生自信心的"赋能"德育理念。逐渐形成了社会公德、体育道德、艺术品德育人课程系统，在实践中探索，在探索中建设，在建设中创新，发展成"三德育人"系统，在这个德育实践课程系统中，培养内在修心、外在修身、身心和谐发展的时代新人。

再次，学校德育已经初步进入"人机交互"时代阶段。学校德育传统方法大多以说教、灌输、熏陶等为主，在信息时代，德育则是个体化的、人机交互式的，这些新一代的"网络原住民"具有与以前几乎完全不同的认知空间、发展时间、变化速度，学校德育如何在学生认知发展、生理成熟、身体运动三个维度中找到合适的开端，信息化手段是一道必须翻越的高峰。

最后，学校德育从"学德"开始，到"立德"结束。在这个过程中，作为受教育的主体——学生，他们是一个个完整的人，人的生命是一个复杂多变的整体，有认知、有情感、有意志、有行动、有意识。学生在学校里"学德"的过程中，不经由利用学生个体的先天的、后天的经验参与，就不可能发生德育实效。要想德育发生就要让学生"自信"，自信来自发展水平和发展能力，要给学生"赋能"，就需要设计德育任务，学校德育过程在某种程度上，任务比目标更重要。

润文化是学校德育的土壤，与实践任务紧密相连的德育课程是种子，德育课程的有机融合是肥料，德育实效性就是丰盈的果实。

从自己的德育理念上来说，作者不是刻板的"教育者"，而是陪伴学生某个成长阶段的伙伴，在一起耕耘中，发现了各自发展的潜力，逐步找到了追逐太阳的方向。

是为序。

朱能法

2022年1月13日

目 录

第四章

任务驱动：综合实践课程

第一章

润文化人：学校德育理念

第一节　学校德育理念的形成与内容

一、背景

广东省鹤关市新丰县地处粤北山区，处于粤中偏北位置，韶关市南端，东江、北江和流溪河三河水系分流之处。新丰江上游是新丰江的发源地，一直以来有"九山半水半分田"的称谓。

新丰县历史悠久，人杰地灵。早在南齐武帝永明元年（483）建置县治，取义于"物产丰富"之意，故称"新丰"，属广州南海郡管辖。梁天监六年（507），改属东莞郡。以后，县名曾用休吉、长宁等，先后隶属循州、龙川、惠州、广州等，至1988年1月划回韶关市管辖至今。

新丰县人文底蕴丰厚，历史上出现了许多杰出人士，有宋代进士古成之、著名学者梁守诚等。

新丰县的历史更是一部革命传统的发展史，比较著名的有革命烈士李任予、抗日名将龙景山、抗日名将郑大东、抗日英雄李子端等。

基于此，新丰县实验小学的德育理念形成了。

第一层传承江源文明：新丰江是我们的母亲河→滋润、养育了她的儿女（一代又一代的新丰人）→提出了"润"的核心概念。寄托了教育人、培养人的思想和方法，就是在人才培养的过程中需要和风细雨、春风化雨的教育形式。用环境影响人、用知识培养人、用作风熏陶人，形成一种潜移默化的教育格局。

母亲河的文明就是上善若水的品格和精神，所以我们提出了第二层核心概念：善美文化。

结合学校育人的特点，我们提出了第三层具有操作性的办学理念系统：尽善尽美理念。育人需要"育善"和"育美"，做事需要尽心尽力，尽量做到尽善尽美，追求精致的格调，不要马马虎虎，随随便便。育善就是"礼"的学习，品德的修养，我们创办新丰县少年乐团、新丰县客家汉乐团、教师巴乌乐团，每年有300多人次参加器乐培训学习，近7年培养了几千名音乐特长生和对器乐感兴趣的学生。孔子在《论语·述而》篇中说："子曰：'志于道，据于德，依于仁，游于艺'。"孔子所讲的"仁"是具体的文化生命主体，是希望回归自由王国的本心。孔子所讲的"艺"也不是具有技术性、工具性的技能、特长，而是具有人生向善求美的价值观目标。所以，我们创办的多个校园乐团不是简单的器乐技艺的培训，而是依据器乐的学习过程完成德育的内容和过程，达成德育的目标。

在这所以留守儿童[①]为主体生源的学校中，我们创新了留守儿童关爱的方式和方法——"与其同情，不如赋能"。这所学校积极探索新时代德育的实效性课题，取得了丰硕的成果。

---

① "留守儿童"应在法律的前提下提及，2022年1月1日《中华人民共和国家庭教育促进法》颁布实施，不应再有"留守儿童"的提法，父母必须依法带娃。本书于2022年1月1日前完成，故以下关于"留守儿童"的称谓均为合法内容。

"一所学校创新实验，引领一城文明进步"。

"这是一所需要军训的小学"。

"这是一所由老城区的学校分流出来的学习、纪律差的学生为主体生源的小学"。

"这是一所积极上进、朝气蓬勃的省级艺术特色小学"。

"这是一所充满爱，洋溢情的善美学校"。

乐团宗旨："不怕苦，不畏难，努力求上进"。

3000多名学生的超大规模小学，一半以上学生是留守儿童、外省市流动人口儿童、进城务工人员子女……学校以润文化为核心文化，以育善育美为德育管理理念，坚持"三德育人"，坚持智慧来自双手的德育实践融合思想，以严格的行为习惯养成以立德树人为管理抓手的教育习惯，形成了良好的校风、学风、班风。学校里随班就读的三残（即智残、体残、肢残）儿童得到全校师生无微不至的关爱，他们可以像正常人一样在学校里学习、生活；学校有5个孤儿，每天都能得到全校师生在校内外全方位的关爱和照顾；学校有一个读三年级的学生，可以独自生活，并且还是学校大队部的大队长、少年乐团的首席、班级的班长、每周升旗仪式的主持人。更多的健康的学生在学校快乐而幸福地成长，学校少年乐团五次代表学校出席香港青年音乐训练基金组织的音乐交流会，屡获殊荣，有多人获得主席奖；学校参加县级、市级中小学生田径运动会，学校派出代表队中的每个成员都获得了各自参加项目的奖项，首次参加韶关市田径运动会就获得短跑、游泳两个冠军。学校每天都有成百上千的学生在全县100多个公交车站自觉排队候车，开创了小县城自觉排队候车的先河，成为全城群众交口称赞的"创建文明城市"的亮点；每年有300多名学生在乐团毕业，他们把琴声带进了千家万户，树立了文明家庭新家风的形象品牌。这就是新丰县实验小学，一所创办5年就创造了不小的奇迹的学校。

学校办学理念有三层核心概念，其产生的顺序依次是：母亲河→润→善和美（尽善尽美）。最后落实到"三德（社会公德、体育道德、艺术品德）育人"的课程融合实践中。

新丰县实验小学德育工作"三德育人"理念系统

二、校徽

韶关市新丰县实验小学校徽

学校校徽的含义：

新丰县实验小学的校徽基本颜色为绿色，象征着创新、生机、活力，象征着人与自然的和合共生，象征着人与自然的和谐发展，体现了学校"仁、智、新、丰"的顶层文化。

中间是一个"S"和"田野"组成的"丰"字，寓意新丰县实验小学在新丰这块沃土生根发芽、发展进步、结出硕果。中间的"S"也象征着我们的新丰江，表示传承江源文明。

中间的整体图案还是一棵茁壮的大树，寓意着我们教育人的希望，希望每一个学生都能成才，希望每一个学生都能成长为参天大树，成长为国家的栋梁之材。

两边围绕着稻穗，稻穗由绿色渐变到金黄，是一个逐渐成熟的过程，寓意每一个学生都是一颗发光的金子，他们在学校的培养下逐渐成熟，成长为社会发展需要的人才。

三、校歌

新丰县实验小学校歌。

立德行远

作词：朱能法

云髻山下，丰江河畔。同心同德，培育英才。承德纳新，尽善尽美。琅琅书声，耕耘希望。江源文明，我辈传承。善美文化，滋润成长。身心和谐，立德行远。实验小学，我的母校。这里，那里，方向！立德行远，渐行，渐远，渐行，渐远……

四、《润之善》校报创刊词

江源之畔，贵人峰下。癸巳新年，新丰政府，为民造福。兴学安邦，创办新校。南片新区，田野沃土，优雅之地。谋划蓝图，殚精竭虑。举县之力，倾情相助。万丈高楼，拔地而起。亭台林榭，花团锦簇。宏广庭院，学习乐园。

乙未岁中，群贤毕至，老少咸集。丽日当空，开学盛事。蒙童学子，兢兢业师，政要乡贤，大德善人，欢声笑语，乐聚广场。诗云："呦呦鹿鸣，食野之苹。我有嘉宾，鼓瑟吹笙。吹笙鼓簧，承筐是将。人之好我，示我周行。"

承德纳新，尽善尽美。培桃育李，同力同心。世间万物，德为骨气。参天大树，顶天立地；茵茵小草，生生不息。一沙世界，一花春秋。江源文明，我辈传承。善美文化，立德行远。丰江源出，晶莹水珠，滋润苍生，敏行纳言。润之有德，善有大美。润之容之，纳之爱之，呵之护之，育之壮之。诚我育人，唯真唯善，是为记。

五、《润之美》校刊创刊词

《润》刊如同春晓日出，于新丰县实验小学出版了，我们无比兴奋！承德纳新，尽善尽美。传承江源文明，播撒善美文化是《润》刊的使命和情怀，更是编辑全体的工作目标。作为新丰县实验小学大家庭中的一员，我们首先想到的是润之美。润之美在于至真、至纯、至善。上善若水，嘉言善行，作为教育工作者，培养人的过程就是追求真、善、美的历程。润之美在于大爱无痕、大德无形、春风化雨、培桃育李，成功的教育的秘密藏在心灵之中：我感受到了你的感受，我明白了你的明白，如歌词中唱的"因为爱着你的爱，因为梦着你的梦"，经历就是财富，走过就是成长。回首往昔，往事并不如烟，就像一幅画，或浓或淡，或远或近，或工笔或写意，都在记忆的画布上，即使是在最漫长的夜里，也还有青草从地里窸窸窣窣成长的消息，《四个春天》："人充满劳绩，但还诗意地栖居在大地上。"

第二节　基于学校实际需要的德育课程
融合课题框架

在国家"双减"政策的指导下，学校做好五育并举、立德树人的工作，培养社会主义建设者和接班人，重点在于从"学科教学"转变到"学科育人"，就是求真务实、脚踏实地地做好全员育人、全过程育人、全方位育人的工作。我们在德育管理的实践中，结合传统的教育经验和文化，以及现代学生的发展特点和趋势，提出了"三德育人"的德育课程融合实践理论系统，经过多年的探索，取得了比较显著的德育效果。

育人为本，德育为先。我国正处在中华民族伟大复兴中国梦的关键阶段，培养具有社会主义核心价值观，具有"四个自信"的新时代的社会主义建设者和接班人是教育最光荣的使命，最本真的追求。我国传统的教育思想认为德育的过程应依仁游艺，孔子说："兴于诗，立于礼，成于乐。"以孔子为代表的儒家思想认为人的理想发展情态是：志道、据德、依仁、游艺，这种德育（修德）的过程又与现代德育知、情、意、行四个方面一一对应，具有异曲同工之妙。孔子认为成人需要先立志，首先，"志于道"是生命的向往。"三军可夺帅也，匹夫不可夺志也"（《论语·子罕》），知天命之当然，知命有穷通，故能博学，故能修己，诚于志向，勇于践行，不因艰难困苦而退缩。其次，"据于德"是生命执守。最高的道德境界是"中庸"，体现为中正、中和、时中、权中四项法则，主张用"比德"发现人格美，观照世间物，提高道德修养。再次，"依于仁"是人生不违。仁者爱人，依仁而行，"无终食之间违仁"（《论语·里仁》），"仁"也要受到"义"与"礼"的节制，"义"是"心之断制"，是人修养的内节制；"礼"是人际交往的规范，是制度礼节、修养的外节制，孔子思想中的仁、义、礼是三位一体的修德要求，是孔子修养要求的最高标准。最后，"游于艺"是生命之涵泳。指导人们提升人性修养，追求和成就善美人生，"游"是方法论和认识论的统一体，有"现实之游"，游学、游教、游友，学艺、习艺；有"精神之游"，美善相乐，道法自然的化境，从"艺"之"游"到"神"之"游"是从理想王国到自由王国认知的飞跃，礼、乐、射、御等"艺"是技能之德（得），"美善相乐"是自由之德（得），是人生修德的至高境界，至臻之境。

现代教育理论提出了德育中知、情、意、行多开端性的理论，马克思认为："人的现实是一切社会关系的总和。"人的教育是社会在起着决定性作用的。小学的德育工作必须遵循学生身心发展规律，根据发展心理学的观点，学生的发展主要是从三个方面进行的：认知发展、身体成熟、社会适应。德育工作如果结合学生发展心理学的理论指导，满足学生思想道德成长的需要，促进学生基本文明素质的养成，培养学生具有良好的思想品德和健全人格，我们就能在德育实践中有针对性地做好德育方案，从而提高德育工作的适切性和实效性。

现代儿童由于受到传媒文化的影响，加上很多留守儿童缺乏父母的榜样影响和德育的实践空间，往往在理性与行动层面缺乏历练和经验，道德生活更着重于情感层面的认识，自发的道德生活经验往往是模糊的、碎片化的，知与行常常相背离。所以，我校的德育工作需要从"学科教学"转变到"学科育人"，建立系统的德育课程融合研究课题，在德育实践中将儿童品德生活的知、情、意、行结合起来，帮助儿童特别是留守儿童自觉地、有意识地整理品德生活经验，"与其同情，不如赋能"，德育工作的核心目标在于启发儿童的道德情感，提高儿童的道德认识，激发儿童的道德意志，用"社会公德、体育道德、艺术品德"作为三个开端，融合学科教学工作，用"学科育人"思想指导学科教学，促进儿童道德品质的形成和发展。

一、聚焦学生生活与成长，建设社会公德教育融合课程

立德树人，润文立行，我们创设的德育课程融合系统注重促使学生在融入式的德育训练中形成良好的道德品质。道德是在一定的社会环境中，用来调整人与人之间、人与其他社会关系之间比较明确的行为准则和成熟的、大家都遵守的社会规范。学生社会化的过程中，学校德育是重要的一环，在系统的社会规范的学习、训练中，学生可以加快社会规则的习得速度和提高社会规则的习得质量。

按照人与人之间道德调整的维度，随着学生的生活范围不断扩大，学生面临的道德调整的关系范围也越来越大，小学初始阶段是重要的道德发展阶段，学生个体道德社会化的开端也是从这时开始的，这个阶段是少年儿童的品德、智力、生活能力、人际认知等社会化认知形成和发展的重要时期。我们建立的润文化"三德育人"融合课程就是帮助学生在小学学习和生活中解决成长过程中面临的实际问题、情境问题、场面问题，行之有效地解决学生成长中遇到的烦恼。

瑞士心理学家皮亚杰（Piaget）认为儿童的认知发展分为四个阶段：感知运动阶段（0~2岁），前运算阶段（2~7岁），具体运算阶段（7~11岁），形式运算阶段（11岁~成年）。心理学的"运算"是指内部的智力或者操作。儿童在感知运动阶段后期，能够运用一些动作图式，但是这些图式需要与具体运动动作相联系，儿童看似不起眼的动作，是他们探索认知世界的第一步，儿童的认知是由感官认知开始的。按照皮亚杰的

观点，和动作分离的认知的第一种类型是使动作图式符号化，即形成和使用字词，手势、标记、想象等符号的能力，这些能力是儿童在前运算阶段的主要实践成就。在这个阶段，儿童具备了符号言语功能，词汇量增加，内部言语得到更进一步的发展。这个阶段的儿童，思维具有不可逆性，尚未获得恒定的概念，主要依赖感官认知，以具体形象思维为主要思维方式。这一阶段的儿童还是自我中心主义，虽然并非总会如此，即由"本我"到"自我"的认识过渡中。在具体运算阶段的儿童的认知结构已经发生了明显的重组和进一步的改善，思维认知具有一定的弹性，思维可以逆转。随着守恒、分类、顺序排列、运算能力的掌握，处于具体运算阶段的儿童已经发展出思维的完整性、逻辑性的体系。在皮亚杰看来，儿童解决守恒问题依赖于三个基本原因的理解：同一性、补偿性和可逆性。但是这个阶段的儿童的思维仍然需要具体事务的支持，儿童还不能进行抽象逻辑思维，对于规则的遵守、变现比较刻板。在形式运算阶段的儿童的思维是以命题形式进行的，并且能够发展命题之间的关系，能够依据逻辑推理、归纳或者演绎的方式来解决问题；能够理解符号的意义，包含隐喻和直喻，能够做一定的概括，其思维发展水平已接近成人。这个阶段的儿童具有比较全面的系统思维能力。这个阶段的另一个特征就是青春期以自我为中心方向的发展。青少年开始非常关注自己，具有显著的主体意识，在交往中觉得他人关注自己，自己也同样在乎别人，特别是同伴的评价和观点。对于社会交往规则，能够结合实际情况进行比较灵活的选择和运用。

美国心理学家埃里克森（Erikson）自我发展理论认为："从六岁到十一二岁是学龄初期。这是获得勤奋感避免自卑感阶段。学龄初期儿童的智力不断地得到发展，特别是逻辑思维能力发展迅速，他们提出的问题很广泛，而且有一定的深度。他们的能力也日益发展，参加的活动已经扩展到学校以外的社会。"也就是由具体形象思维快速向抽象逻辑思维过渡。随着主体意识的觉醒和发展，个体独立性得到加强，"这时候，对他们影响最大的已经不是父母，而是同伴或邻居，尤其是学校中的教师"。他们十分在乎别人的目光、评价、肯定，特别是他们在试错过程中的感受，非常的敏感和敏锐。"他们很关心物品的构造、用途与性质，对于工具技术也很感兴趣。这些方面如果能得到成人（特别是亲近的父母、教师）的支持、帮助与赞扬，则能进一步加强他们的勤奋感，使之进一步对这些方面发生兴趣。"埃里克森劝告做父母的人，"不要把孩子的勤奋行为看作捣乱，否则孩子会形成自卑感，认为自己不如别人，应该鼓励孩子努力获得成功，努力完成任务，激发他们的勤奋感与竞争心，有信心获得好成绩；还要鼓励他们尽自己最大努力与周围人们发生联系，进行社会交往，使他们相信自己是有能力的、聪明的，任何事情都能做得很好，即使是参加赛跑，也会认为自己是跑得很快的"。即使是一次看似失败的实验，也要鼓励过程中正确的思维和步骤；即使是一次微不足道的举手之劳，帮助他人的微小之事，也要通过眼神和语言给予赞许。总之，儿童的活动和经验获得都要使他们怀有一种成就感，要从成年人中得到积极的评价。

（一）《润之成长》德育融合课程

《润之成长》根据皮亚杰"智慧来自双手"的理念和充分利用社会各方面的资源，引导学生提高动手实践能力，主动完成社会实践任务，特别是家务劳动任务，学会承担家庭责任，体会父母工作的辛苦，懂得孝顺父母，友爱兄弟姐妹的德育融合课程。

1. 德育评价管理的课程融合

针对学校留守儿童多，特殊情况的学生多，很多学生生活、学习习惯不好的德育难题，我们创造性地设计了社区伙伴成长管理小组，形成了德育工作"5+2"闭环管理系统，取得了良好的德育效果。

在社区学生生活和安全管理上，为了解决留守儿童缺乏有效监管的难题，我们打破了学生管理以行政班或者年龄组为范围的惯例，按照住址的情况，就近居住的学生，不分年龄大小，组成社区活动管理小组，上学、放学、节假日，小组形成活动圈子，相互帮助、相互照顾，分别承担起照看同学的义务，开展社区好伙伴活动。

老师家访分为分家拜访和社区小组访谈，提高了德育管理的效能，特别是边远山区的家访，一访一大片，一谈一个村。有事大家帮，无事连开心。邻里一家人，相近不分人。

2. 学科教学的德育融合

语文课堂教学强调文明用语习惯训练，学生开口就习惯使用"您好！谢谢！对不起！"等标准的礼貌发言格式："请您听我说……我的意见（建议）是……我们可以从另一个角度来思考……请您理解，我不同意您的意见，我的意见是……"

数学课堂教学注重逻辑思维的训练和推理过程的训练。学生发言的格式是："第一……第二……"

科学课堂教学注重过程中实验分工合作、团队意识的培养，讲究实事求是的科学精神。

艺术课堂教学考虑安静思考、情感熏陶、合作精神的培养与训练。合作精神的培养从一点一滴做起，例如，乐团集体排练的团队配合训练，按照根据指挥的要求，乐曲的编排处理好节奏的强弱、快慢等，看指挥，听同伴，讲究默契合作，追求尽善尽美，完美演绎。

少年乐团和客家汉乐团作为精英乐团，是百里挑一的高层次水平发展培养对象，我们更要严格要求。我们和德育工作融合的切入点是：学习态度第一，合作精神第一，学习主动性第一。我们反对"聪明人"的投机取巧，如果不是出勤率排在前列的，成绩再好也没有获得奖励的机会。我们通过器乐培训过程和德育过程的融合，培养学生求真务实，学会认认真真做事，学会踏踏实实做人。

（二）《润之善》德育融合课程

按照人与社会之间道德调整的维度，我们创设了德育融合实践课程——《润之善》课程，学生在校内培训"三管好"，树立公共道德意识，遵守社会秩序，在社会生活中具有文明素养、有礼有节，与人相处时善于团结、善于相处、善于倾听，引导学生建立集体主义精神，树立集体荣誉感。我们把各年级《道德与法治》课程与学生社会生活进行了整合和融合。

1. 学校人际交往生活就是社会生活，就是"教练场"

（1）学校所有室外课、功能室课、公共等候区等，只要有两个以上的人等候都需要排队，把排队当成习以为常的习惯。

（2）公交车候车点作为德育考核点。候车秩序、乘车礼仪、乘车卫生、乘车安全都列入学生德育综合评价系统。德育管理不分时间、不分校内外、校内习德、校外实践。

（3）参与社区管理和社区服务作为德育考核内容。例如，积极参加社区文艺演出、广场文艺会演、大型汇报比赛等，学生在掌声中成长，明白努力奋斗、刻苦训练、顽强学习才是最美的样子。

2. "三管好"课程是学校德育实效的"试金石"

在新生入学教育阶段（开学第一个月）和先进班级评比活动中，我们设计了系列的"三管好行为习惯课程"，一共十个课时，即管好嘴——校园不准随便大呼小叫、言行失范；管好腿——在教学区和公共走道区域不准随意奔跑追逐、举止粗野；排好队——社会上、校园中，凡是有两个以上的人等候时都需要自觉排队、充满自信；等等。

例如，我们的"小"孩子做出了"大"榜样。"三管好"德育成果显著，学生在全县城一百多个公交车站不论环境好坏，不理会旁人惊诧的眼光和异样的看法都会自觉排队，开创了小县城自觉排队候车的先河，为全县创建广东省文明城市做出了表率，受到全县百姓的交口称赞。

（三）《润之美》环保教育融合课程

按照人与自然之间道德调整的维度，我们创设了德育融合实践课程——《润之美》课程，引导学生美化校园、绿化班级，使学生懂得"智慧来自双手"、劳动创造美，学校评选环保先进班，因此，校园里极少摆放垃圾桶，是一个几乎看不见垃圾桶的学校，引导学生建立生态文明观念，与大自然和谐共生，共享美丽的地球村，我们的校徽体现了这种精神，我们的校园建设付诸了实践行动，我们的品德展现了我们的精神价值追求。

例如，"小孩子，好榜样"。我校有个叫作陈秀文的小女孩，她是典型的留守儿童，爸爸妈妈在外地做生意，三年级起她就是一个人独自生活，洗衣、做饭、搞卫生、做作业、做早餐、上学……在学校德育融合课程的培育下，她是校园明星：韶关市田径运动会上获得新丰县历史上第一块金牌、学校乐团的首席、少先队的大队长、班里的学习标兵……我们关爱留守儿童的创新理念是：与其同情，不如赋能。

在新丰县实验小学像这样能干的留守儿童还有很多，他们在身份认识、生活情感上，不再是我们常见的自卑感很强、安全感很差的羸弱学生，反而可以像小大人一样，照顾自己、关爱他人、积极学习、热爱劳动、团结同学、关心集体。在学校众多的体育、艺术社团中，他们还是中坚力量，是校园出彩的明星。

当然，除了采用"德育赋能"的教育理念之外，我们很早就开展的社区伙伴健康成长计划也发挥了不小的作用，在以生活社区为中心的伙伴小组中，学生学会了同伴互助、互相照顾，邻里守望相助，大家在健康的友谊中互相学习、共同进步。

二、遵循学生发育和成熟，建设体育道德教育融合课程

体育的作用不仅是锻炼学生身体、增强学生体质，更重要的是它对人的意志、精神方面的锻炼。体育运动是可以从长远和宏观的角度重塑人内在的自我统一性。在小学现阶段的十门主要课程中，体育是一门十分重要的课程，特别是德育，没有任何一门课程比体育的影响力更大、更广、更深。我国著名教育家蔡元培曾说："完全人格，首在体育。"从心理科学的角度来说，人是由动作感知开始认识世界的，并与世界其他产物产生交往需要的。在体育活动中，学生参与运动的过程，完成活动的内容，达到活动的目的都需要与其他参与活动的同学接触，在接触中对自我行为、自我形象、自我能力、自我感觉都会产生自我评价。主动参加体育活动会促进积极的自我知觉的发生。

另外，体育活动是一个知、情、意、行并行发生的非理性化的行为，学生参与的体育活动内容大都由他们根据自我兴趣、能力、爱好等自发选择，有认知、有情感、有意志、有行动、有意识，也有隐藏在意识之下的非意识，更有介于意识与非意识之间的习惯、倾向、非反思性选择。在体育活动中，学生投入的不仅仅是认知能力，同时，学生的情感、意志、行动以及学生在以前生活中形成的下意识习惯、非反思性经验都包含在内，学生一般在参与体育活动过程中都希冀可以很好地完成活动内容，可以在活动中寻找安慰感和满足感，通过体育活动，学生能够有效增强自信心和自尊感。

心理学研究发现，学生经常参加体育锻炼可以改善不良情绪，使心理承受能力得到比较明显的增强。相较于以陈述性知识为主的语文、数学、英语等学科学习，体育活动能够使人感觉更轻松，疲劳程度转轻。经常积极参与体育活动的学生一般具有较强的组织纪律性、规则意识、拼搏精神、耐挫能力。除此之外，热爱运动的学生一般自信心更强，注意力更

集中，耐心更加充足，学习效率更高；有关统计数据分析得出，经常参加体育运动的学生比很少参加体育运动的学生感到沮丧的频率低，心理更放松，身体代谢能力强，健康水平高。

有关研究表明，对于同一地区和同一学校，经常参加体育活动的学生比很少参加体育活动的学生更有自信，精力更充沛、更旺盛。同样地，经常参加体育活动的学生具有更优良的竞争意识和主动参与的意识。

从生物科学角度来说，经常积极参加体育锻炼能明显改善人体中枢神经系统，提高大脑皮层的兴奋和抑制的协调作用，使神经系统的兴奋和抑制的交替转换过程得到加强，大脑分泌的多巴胺、多肽等兴奋物质适中，从而改善大脑皮质神经系统的均衡性和准确性，促进人体对周围的感知能力、身体的协调能力的发展，如果进行经常性的刺激和反复的训练，大脑就会具有灵活性、协调性，反应速度等得以改善和提高，思维的发展得以提升，从而有丰富的物质基础。

一般来说，体育在学生的成长中主要起到以下几个方面的作用。

团队精神。比如，球类比赛，如足球、篮球、排球等，在运动场上，学生在教练的组织下学会如何轮流上阵、如何等待轮候、学会传球；学会在获胜时感谢老师、感谢同伴，不把所有的荣耀都归于自己；学会如何在输掉比赛的时候不低头、如何对胜利的对手说声恭喜，尊重比赛结果、裁判结果、游戏规则等，培养宽广的胸怀和胜不骄、败不馁的体育精神。

学会合作已经是现代公民的必备素养，更是走上社会的核心素养，我们需要让学生在丰富的校园体育课程中融合德育要素，不单单是"技"和"术"的学习，更重要的是"德"的涵养，"育"的过程。

脑力发展。体育活动可以促进人的脑力发展，有关科学实验证明，在体育活动中，人的重复性的动作不仅能提升大脑的整体功能，对于大脑执行功能的影响尤其大。执行功能对学生的成长至关重要，它包括制订计划的能力、集中注意力的能力、控制冲动、保持注意力的能力以及自我管理、规划，最终完成任务的能力。

增强自信。技能知识的学习，一般来说，程序性知识的学习比陈述性知识的学习丰富，更符合学生的年龄特点，学生都是从动作感知认识世界开始向概念、判断、推理为主的逻辑思维逐步过渡，以体育为例的运动使学生更有发展的自我需要。同时，技能的习得使学生可以从运动过程中因取得的成就而形成自信心，在体育活动的合作过程中让他们认识自我价值，唤醒主体性，培养自主性。体育融合德育要素是学科特点和学科性质的必然要求，学生的自信心、自尊心、专注力等德育核心素养都能从体育课程中得到发展。

1. 体育立德

针对部分留守儿童家庭教育缺失、行为习惯差、意志力差、心理敏感、孤独感强、团队合作意识弱的情况，我们邀请了广州专业的羽毛球教练免费开设羽毛球训练项目，把体育知识和技能的学习融合成德育品质的养成——体育磨志，培养不怕苦、不畏难、努力求上进的精神。

2. 体育促智

身体发育必将为智力发展提供物质基础，我们针对留守儿童重视"养"、不重视"育"的问题主动作为，建设系列的体育+德育课程，比如，毽球课程+家长（结合花费少，不受场地限制的特点）、足球课程+联赛课程、游泳+普及课程、羽毛球+专业培训课程等，这些免费学习的课程与培养学生积极乐观、顽强拼搏、永攀高峰、合作竞争、小步快进的智育有机结合了起来。

3. 体育润美

学校倡导教职工带头，全校积极参加力所能及的体育运动项目，营造朝气蓬勃的校园精神风貌，树立精神美才是最美风景的"善美文化"，活动润心，体育润美。

三、导引学生内涵和素养，建设艺术品德教育融合课程

艺术学习和鉴赏是无声的德育，春风化雨，润物无声。在艺术课程，尤其是音乐课程中融合德育教育因素是学科育人的本质任务。

在我国古代，"乐"强调道德情感和实践理性的统一，孔子认为，《韶》乐体现了儒家尽善尽美、道德与艺术合一的思想。钱穆先生认为："子在齐闻《韶》，三月不知肉味。"体现着人生的一种艺术心境，乃是艺术性情与道德追求的交流统一。徐复观先生认为，孔子之乐教（乐育）的基本精神是"美善合一"。朱熹在《论语集注》中解释："不意舜之作乐至于如此之美，则有以极其情文之备，而不觉其叹息之深也。盖非圣人不足以及此。"然后应用范氏的注释进行进一步的说明，认为"尽善尽美"的乐之所以感人至深，乃因其至"诚"。孔子对于"乐教"的思想，第一，孔子认为"乐"体现着道德精神和艺术精神的合一，审美境界和道德境界的合一。第二，"乐"由心生，反映的是人内在的真实情感，所以大乐、至诚、成于乐，乐教的情感教育功能得到了发挥，具有塑造美好人性、化民成俗的巨大作用，从而达到"尽善尽美"的目标。由此可见，儒家所强调的"乐"作为人心灵的外化，认为人的美、善都要建立在"诚"的基础上，所以说孔子的"乐教"思想是真、善、美统一的思想。

徐复观认为，道德之心亦须由情欲的支持而始发生力量，所以道德本身就带有一种情绪的性格在里面。乐本由心发，在其所自发的根源之地，亦把道德与情欲融合在一起，情欲因而得到了安顿，道德也因此得到了支持，即印证了孟子独乐乐与众乐乐的思想观点。

"润之美"艺术品德教育课程的融合。按照我校关爱留守儿童的德育理念——与其同情，不如赋能。很多弱势群体家庭的孩子得到了免费的高端艺术培训，学生经过自觉地参与，克服重重困难，取得了参加世界音乐会的交流机会，让学习更有价值，让生活更有色彩。实现了育善育美、立

德树人的培养目标。

"三人行，必有我师焉。"与智者同行，就是智者。我们从2011年起就创办了韶关市第一个正规化的大型校园乐团——新丰县少年乐团，招收了300多名学生免费学习音乐。正如乐团终身顾问萧炯柱主席所说的："我们不是培养孩子学习乐器，我们是基于乐器的学习过程，培养孩子学会做人，学会做事。"所以，乐团的管理理念是"态度第一"，不欣赏钻空子的"聪明人"，即使是乐团首席也不行，如果考勤达不到90%的标准，没有谁是例外，都没有资格参加重要的汇报演出。但是只要学生在过程中努力了，水平进步了，站在了舞台上，就是主人，我们不排名、不评分，尽情发挥水平就行了。最后，有人会获得杰出的"主席奖"等表演大奖。

过程远比结果重要，合作远比独奏精彩，奉献远比独享快乐，这就是我们在和中国香港、新加坡、马来西亚等地区的青少年的合作演出中获得的宝贵的成长经验。

例如，德育融合课程的实践情况——每天有许多学生需要背琴上学，这是荣耀，更是勤奋学习的象征，也是自信心的体现。即使刮风下雨，在星期六的集体排练时间，学生都坚持前行，努力学习，不敢迟到。学员加入乐团，考勤率必须达到90%，并承诺三年期间不准退席。

我们成立每届300多人的大型校园民乐团——客家汉乐团，学员需要学习16种乐器，大多数需要达到六级水平以上，期望通过严格、规范、有礼的高雅艺术培训培养学生端正的态度，团结协作、彬彬有礼的素养。我们反对耍小聪明，讲究尽善尽美。

我们是用"三德育人"方法进行立德树人的追梦人，在继承传统"依仁游艺"德育经验的基础上，我们坚持践行社会主义核心价值观的宗旨，依据学生道德品质形成过程中知、情、意、行的发展关系，探索明理、循情、导行的德育途径——德育课程融合。我们的德育课程融合实践也结出了硕果——我们曾把学生多次带上世界舞台的中心，和中国香港、马来西亚、新加坡等地区的学生同台会演，结合生活、指导生活的德育融合课程的多年实践，使一个个留守儿童从懦弱变得强大，从小心翼翼变得从容自信，从忧心忡忡变得阳光灿烂，从胆小孤独变得天真烂漫……润文化育人，看得见的是做法，看不见的是成长。

第三节　润文化人，尽善尽美理念下的德育融合课程实践

新丰县实验小学体育大课间"三操"

习近平总书记在主持召开的教育文化卫生体育领域专家代表座谈会上强调："要坚持社会主义办学方向，把立德树人作为教育的根本任务，发挥教育在培育和践行社会主义核心价值观中的重要作用，深化学校思想政治理论课改革创新，加强和改进学校体育美育，广泛开展劳动教育，发展素质教育，推进教育公平，促进学生德、智、体、美、劳全面发展，培养学生爱国情怀、社会责任感、创新精神、实践能力。"社会主义核心价值观中有一个很重要的要素——友善，我们结合学校的实际需要，把这个概念作为学校的办学理念。同时，教育的本质追求就是培养人向往真、善、美三个终极目标，在这个努力过程中，向善和审美是两个很重要的因素，向善是培养学生道德情操的基础，审美是陶冶学生人格成长的根本。所以，我们用"尽善尽美"的办学理念统领学校的全面工作，凝聚全校师生的向心力、智慧力、成长力，构建德育实践融合式的课程体系，将立德树人作为学校课程文化的核心要素和核心目标，通过德育融合实践性课程的建设实验，培育学生的红色基因，树立道路自信、理论自信、制度自信、文化自信，与时俱进地培养新时代的建设者和接班人。

根据《中小学德育工作指南》的实施意见：育人途径主要有课程育人、文化育人、活动育人、实践育人、管理育人、协同育人六个方面。学科课程育人主要包括小学语文和小学英语等人文类课程中的德育；科学课程和实验课程等科学类课程中的德育；体育、音乐和美术等体艺类课程中的德育；社区志愿者服务、社区实践、研学旅行等综合实践活动课程中的德育四个部分。其中，小学阶段开设的体艺类课程主要包括体育、音乐、美术等课程，新丰县实验小学根据润文化的育人思想，结合现有的育人资源和条件，选择把体育、艺术作为学校特色办学的重点方向，把劳动教育作为立德树人的基础课程，进行课程融合育人实验课题研究。

新丰县实验小学创校之初的生源以老城区三所学校和周边农村小学为主，学生平均成绩差距十分大，行为习惯千差万别，大多数学生的家庭教育是严重缺失的，所以学校的德育重点是在课程学习的过程中培养学生的健康体魄、提高学生的意志品质和提升学生的审美情趣，重点以体育艺术课程作为德育的课程育人重点课程，在春风化雨式的文化熏陶中陶冶情操，习得好的行为习惯。

在体育课程育人功能中，我们强调纪律性。基础体育课指导学生在身体运动和技能习得过程中学习与掌握相关体育和健身的知识、技能、技巧，全面培养学生坚持不懈地进行体育锻炼的积极态度、认真精神，养成每天锻炼一小时的习惯。我们设计了符合小学生年龄特点的艺术课间操，培养学生的集体意识，每学期精心组织的队形队列比赛训练学生的规范意识；每学年的大型田径运动会培养学生的团体意识；羽毛球专项比赛、毽球专项比赛等培养学生的荣誉意识。在友谊第一、比赛第二的体育精神的对抗和竞争中，培养学生尊重游戏规则的意识，既合作又竞争的文明精神；勇于拼搏，力争上游的勇气；坚持不懈、勇往直前、克服困难的毅力。

在音乐课程的育人功能中，我们强调和谐和礼节。在我国的古代历史传统中，"礼"代表着规矩、制度、节度和修养。我们不单单要发挥好国家课程中音乐学科的教育功能，还要结合国家课程的开发，融合器乐训练和考试，针对留守儿童为主体的生源特点，利用音乐课让学生充分体验音乐的美和蕴含其中的丰富情感，此时无声胜有声，教育不用过多的语言。教育家认为当孩子意识到你是在教育他时，你的教育就是无效的。我们把乐理知识、名曲演奏、器乐培训结合起来，通过创办古筝班、二胡班、扬琴班等群众性音乐普及活动和精英班的客家汉乐团进阶式学习模式，培养学生不怕苦、不畏难、努力求上进的学习态度。既普遍提高学生整体的音乐素养、音乐欣赏水平、音乐鉴赏能力，又通过器乐培训、演出活动、比赛活动和评奖活动培养学生分清美丑、辨别良莠的健康、高尚的审美情趣，使学生积极面对留守没有安全感的不利境地，在这样的环境中仍然可以保持乐观、优雅、坚强的生活态度，并且在今后融入社会、建设社会的学习、工作中仍能高雅地生活。热爱音乐的同时也是热爱艺术，也为热爱生活打下良好的基础，为学生学习美、欣赏美、创造美打下良好的基础。

为实现立德树人这个根本任务，我们重视课程的育人功能，为了使课程育人功能发挥更加充分，我们创新了育人的实施方法，对育人课程进行了统筹和融合，形成了学校独具特色的融合式的育人课程体系，壮大了德育力量，提高了德育的针对性和实效性，特别是在三结合教育工作上，更加突出和充分发挥课程、课堂、课题、活动教学的主渠道作用，指导学校利用三全育人系统把中小学德育内容细化、融合并落实到各年级、各学科、各系统的课程教学目标之中，将课程融合、润文化人结合到学生生活的方方面面、点点滴滴，渗透到学生的心灵中，陶冶进学生的精神上，促使学生知、情、意、行等品德要素协调发展，从而产生良好的育人效果。

附：

润文化（尽善尽美理念）学校德育管理系统

一、善美文化理念的提出

德育课程的实施要注重实践性、学生的参与性，以及全体教职工意志力的统一性。管理好一所学校，首先要十分了解学校的实际情况，全面的现实状况，在此基础上把握好学校的现实特点。校长更需要团结全校教职工及学生，比较准确地为学校定位，根据这个定位确定好学校的发展目标，围绕目标确立统领思想的办学理念。

新丰县实验小学是新丰县这个山区县新创办的一所全新的小学，截至2016年，学校占地52000平方米，设置教学班60个，在校学生2700多人。学校硬件设施在全韶关市现阶段是一流的，如何办好这样一所学校？我们虚心邀请了韶关、广州、深圳等地的专家学者进行研讨和策划。集思广益之后，我们从以下几个方面思考办学理念。

第一，新丰县是新丰江的源头，需要学生传承江源文明，传承客家文化。了解一座城市的文化，主动融入这座城市的文化，长大后，他们才会有一个比较深厚的身份认同感。

第二，新丰县是一个"九山半水半分田"的山区县，山水文化是这个城镇的最大特点，山水文化就是一种比较自然的审美文化。

第三，社会主义核心价值观对个人的要求之一是"友善"，从我们的传统文化来说，山是一种伟岸之美、担当之美；水是一种大善之美，上善若水。

第四，作为一所全新的学校，需要全校师生共同努力才能把学校建设好、管理好、发展好。所有的工作几乎都可以追求尽善尽美，大家只有在尽善尽美的工作标准理念中才能把工作做得更好，把学生培养得更好。

二、善美文化的基本内涵

社会主义核心价值观以二十四字为主：富强、民主、文明、和谐、自由、平等、公正、法治、爱国、敬业、诚信、友善。友善强调公民之间应互相尊重、互相关心、互相帮助、和睦友好，努力形成社会主义的新型人际关系。

同时，培育和践行社会主义核心价值观要从小抓起、从学校抓起。坚持育人为本、德育为先，围绕立德树人的根本任务，形成课堂教学、社会实践、校园文化多位一体的育人平台，不断完善中华优秀传统文化教育。结合学校的实际需要，确立了"尽善尽美"作为学校的办学理念，引领学校师生在生活、工作、学习中尽量做到尽善尽美，努力践行自己所理解的善美文化。

（一）尽善尽美的几个关键概念

1.上善若水，水善于帮助万物而不与万物相争

对于学校教育来说，它包含了两个方面的含义。

（1）具有仁爱之心。心地仁爱、品质单纯、勤劳善良、真诚相待、胸怀宽广、相互包容。

（2）凡事与人为善。学校是一个小社会，更是一个大家庭、一个大集体，建设和谐的校园需要广大的教职工、家长、学生与人为善、从善如流。在校园生活学习中虚怀若谷、尊重他人、学会感恩。

2.心存善地

存心要像水那样深沉，交友要像水那样相亲，言语要像水那样真诚，做事要像水那样有条有理，行为要像水那样待机而动。

3. 唯美之意

教育追求把人性培养得更美好，指引学生追求幸福的人生。而丰富完美的人生教育离不开审美教育。

（二）尽善尽美的内涵

我们将在课程文化、校园文化、社会实践等方面倡导尽善尽美的理念，指引师生形成独有的成长特色。

（1）学校环境尽善尽美。我们是一所新创办的学校，像一幅蓝图，需要师生亲自劳动、亲身建设，把它描绘成教育的殿堂；更需要人与人之间亲密合作、相互支持、相互关心、相互配合，形成和谐愉悦的学习乐园。

为此，我们从校园环境的净化、绿化、美化三个方面打造当地最漂亮的校园环境，营造出一年四季鸟语花香、书声琅琅的读书圣地。

师生间通过日常的教育教学活动形成共同学习、教学相长的良好师生关系。对于现代教师的培养，我们不但要求要教好书，还要求他们获得自身的发展，我们不光简单要求教师成为"蜡烛"，更要求教师努力成为"太阳能电池"——充满自己，照亮别人，所以，学校专门设立了使教师学习提高的校本教师课程。

（2）师生心灵的尽善尽美。

（3）师生行为的尽善尽美。

（4）师生精神的尽善尽美。

三、善美文化的实践

（一）建设善美文化的校园

（1）学校内部管理的首要工作是管理人员的学习、培训和考核，需要校园管理人员尽职尽责，工作才能做到尽善尽美。

（2）尽快建立适合学校需要的校园管理制度，通过"校园行为规范"

指引教师、学生的日常生活。

（3）建立教师、学生校园生活考评方案，学生所有在校园的言行举止都要有评价。

（4）抓好值日管理，值日队伍的标准化建设需要尽快完善，要形成标准化的书面值日记录。

① 值日领导的管理：每天必须提早30分钟到校，推迟30分钟离校下班。

② 值日教师的管理：每天必须提早30分钟到校，推迟30分钟离校下班。

③ 值日学生的管理：标准上学时间的巡查，特别是课间的纪律、卫生检查。

④ 保安的职责：实行24小时轮值管理，使校园的安保工作得到严格的落实与保障。

⑤ 门卫的职责：实行24小时轮值管理，严禁校园混入陌生人，严禁无请假条等通行手续随便开门放学生出校门。

（5）卫生管理（包含卫生课程）：学校卫生工作的管理是学生行为习惯管理的一个部分。

① 校内严禁吃零食，严禁产生多余垃圾。

② 各班建立垃圾回收制度，回收垃圾的收益可以作为班级的管理费用。

③ 每天倒垃圾，学校试行称重管理，按周评比，产生垃圾比较少的班级可以评为"环保班级"。

④ 卫生课程的教学和教学研究工作。

（二）创造善美文化的德育管理

教育工作德育为首，德育工作是学校的首要工作，学校几乎所有的工作都与德育工作息息相关，教书也是为了育人，学校管理工作部分其实大多数也是德育工作。本学年德育工作的重点主要如下。

（1）学生的行为习惯教育工作。

第一，以《弟子规》的基本内容为核心，培养学生有教养的言行。

①止语：集中、集会、排队、等候时请止语；别人说话、长辈询问、公共场合请止语。

②坐姿：坐端庄，不摇头晃脑，不摇摆身体，不左右晃动小腿。

③站姿：头微仰，直腰，收腹，不晃腿。

④行姿：步履从容，抬头看路，不东张西望，不高声谈话。

⑤起对：问起对，视勿移。

第二，编写好各年级学生行为习惯要求，严格执行，时时规范学生的言行。

（2）社会主义核心价值观教育工作。

（3）尽善尽美的主题教育工作。

（4）班主任队伍建设工作。

（5）少先队工作：主要抓好少年儿童践行社会主义核心价值观工作，落实好少先队建设工作。

（6）安全管理工作。

①上学、课前、课间、上课、集体活动、雨天、放学等时间节点都必须要有严格细致的安全管理方案和应急预案。

②建立学校安全管理工作小组，德育处和值日领导检查评价安全管理小组的工作情况，进行打分管理，督促安全管理小组认真管理校园安全工作。

（7）每周一歌，组织学生每周学会一首新歌，每天放学前请复习吟唱，营造歌声嘹亮的校园。

（8）先进班级评比工作。

①周先进班：由领导每周巡查的数据确定，包括学习、纪律、卫生、

班风、爱护公物、违纪学生扣分等几部分。

② 集会文明班：从排队进退场、候场安静、过程安静三个方面评比，学生集会时由文体组的集会管理教师和巡查领导打分评比，会议开始前提出要求，会议结束时及时给予奖励。

③ 环保先进班：从每个班级的学生吃零食最少、班级回收的垃圾最彻底、班级产生的垃圾最少三个方面进行量化评比。

期末从以上三个先进集体数量确定先进的年级组。

（三）构建善美文化的教学

我们学校教学成绩实行"集体负责制"，希望年级组里的同事们团结协作、共同努力，提高整体教学质量。

1. 晨读

"三更灯火四更鸡，正是男儿读书时"，少年的背诵是十分宝贵的，要求每个班的学生在8：10上课之前到学校，一到学校就利用宝贵的时间进行早读，一天一读，诵、读、背相结合，提倡精读的课文都能熟读成诵，老师还可以编排一些学生必背古诗词等让学有余力的学生积累更多的文化知识。

2. 教学常规管理

按照教育局教研室的规范要求做好日常教学规范。如备课工作，科任教师要认真学习课程标准，恰当处理教材，设计好教学内容，写好各课时教案。备课不是简单地完成教材教学任务，而是要根据自己学生的实际情况，有针对性地裁剪教材、增补教学内容。教研组要分单元章节提前做好集体备课工作（每周五第7节课），各位科任教师必须做好二次备课，写好教学反思，总结教学经验，尽量做到"尽善尽美"。

3. 上课

要求从"讲课"转变为"做课"，关注每个学生上课的情况，利用好多媒体平台提高教学的效果和效率。当堂教学内容必须当堂巩固、当堂消化、当堂积累。

4. 作业

学生的书面作业大部分安排在课内、校内完成，一、二年级不准布置书面家庭作业；四、五、六年级布置少量晚上完成的书面家庭作业。严禁中午布置书面作业。

5. 辅导

学生的辅导是班级教学必需的补充形式，课堂练习、作业中发现的问题，希望老师能够当天利用小组辅导和个别辅导的形式解决问题。

6. 测试

老师要认真组织好每一次的测试，通过评价反馈教学效果，提高教学质量。

7. 学生学习情况记录

每一位科任教师都要备有一本学生学习情况统计本，对班级每个学生每一个知识点的学习情况进行记录和统计，为课堂教学和课外辅导提供客观数据。

8. 班歌

试行每天放学前各班唱一首本周学习的歌曲，开开心心上学来，高高兴兴回家去。

9. 教学管理评价

用数字化的数据评价每个年级组，学生评价从"四好"标准来进行好习惯的养成、好奇心的培养、好兴趣的开发、好身体的锻炼。

10. 巡堂工作

教导处要组织好课堂巡查工作，严禁出现拖堂、乱堂，不按规律上课的现象，巡堂数据作为科组考评客观依据。

（四）探索善美文化的教科研

学校建设善美文化离不开教育科研的带动作用，我们将在课程文化建设方面做出比较大的综合改革探索。

（1）两文教育设计改革：上午上文化课（国家课程），下午上文体课（地方课程和校本课程）。

（2）幸福人生课程：心理教育和心理健康课程。

（3）润系列课程：文化拓展课程。

（4）善美文化行动课题研究推行行动研究方法，在教学实践中发现问题、提出问题，通过集体的科研解决问题，提高教学质量。

2021年秋季学期开始，新丰县实验小学新开设了游泳课程，把游泳课正式纳入课程教学计划，每年计划培养500名以上学生学会基础游泳技巧和技能，其中四年级学生100%学会游泳技能。

新丰县实验小学标准的游泳教学场地

新丰县实验小学创立了客家汉乐团等三个校园特色乐团，每年有300多名学生免费学习古筝、阮、扬琴、琵琶、二胡等16种乐器，传承国家非物质文化遗产——客家汉乐。

客家汉乐教室

　　在2021年秋季学期，新丰县实验小学还建设了智慧书法教室，大力开展美育课程文化实施工程，创建文体特色学校，推进高质量发展的教育创建工作，为学生健康成长打好基础，在践行社会主义核心价值观的教育实践中实现润文化人的立德树人梦想。

第二章

实践融合："三德"育人课程

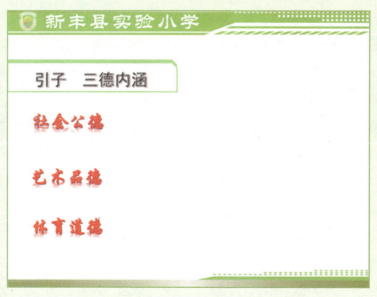

新丰县实验小学"三德"育人内涵

　　根据有关的儿童发展心理学理论，少年儿童的发展主要是三个方面的发展：社会适应发展、体格发展、认知发展，分别与之对应的德育融合课程设计了"三德育人"融合课程体系，社会公德主要是培养未来社会公民必备的基本素质，也就是《中小学德育工作指南》对小学低年级段目标中的要求"培养基本的行为习惯"，小学高年级段的目标要求"培养良好的行为习惯"。我们把它具体化，提炼成了"三管好"的行为习惯培养守则，并以课程的形式培养学生。"三管好"是针对我校学生留守儿童占主体，家庭教育严重缺失的现实特点提出来的。2015年，学校刚创办，一开学来到新学校，很多学生很兴奋、很开心，但是很多留守儿童由于长时间父母不在身边陪伴，家庭教育严重缺失，不良行为习惯让人瞠目结舌，很多孩子成了不受约束的"野"孩子，肆意踩草坪的、乱扔垃圾纸屑的、随地吐口水的、学猴子攀爬树木的、嘴巴不停嗑瓜子的、穿拖鞋上学的、衣服邋里邋遢的……不守规矩，没有教养的，林林总总不在少数，看得人头都大。更不可忍受的是很多学生安全感很差，拼抢意识强烈，发校服一窝蜂地争抢，课间到走廊公共饮水机接开水时一窝蜂地争抢，甚至课间上厕所都要一窝蜂地争抢。人与人之间交流的素养也很差，说话像吵架，唾沫四处飞，高声喧哗，要叫人时，远远地高声呼喊，粗俗语言脱口而出。

养不教，父之过；教不严，师之惰。这些不良行为的现象不能责怪学生，是我们成年人特别是家长没有做好，没有尽到教育的义务和责任，任由学生在落后的社区文化环境中随波逐流，粗鲁的习性肆意生长。

怎么办呢？

非常态只能用非常法。我们需要从基本的人际交往规则做起，甚至是从最根本、最基础、最习以为常的交往礼仪做起。我们期望用最美的文化课程培养学生"外在修身，内在修德"，尽善尽美。我们践行每一个学生都是天使，都有善美念想，所以，精心设计了培养社会公德意识的"三管好"，培养健康体魄的"全民习体"，培养高雅素养的"少年乐团"，统称"三德育人"。为此，我们想尽一切办法，学生开学需要军训；邀请警官、法官、检察官进校园，开展纪律教育；聘请国家级专业运动教练教学体育技能，开展足球、羽毛球等教学；邀请国际级、国家级音乐家义务参加乐团教学和指导，我们期望用最好的资源办最优质的学校，让家境困难的学生的童年一样阳光灿烂。

第一节　社会公德育人实践融合课程

《润之美》封面　　　　　　　《润之成长》封面

立德树人，润文化人，我们创设的德育融合课程系统注重促使学生在融入式的德育训练中形成良好的道德品质，培养未来社会的合格小公民是我们学校德育的终极目标，立德树人的目的是培养未来的社会主义建设者和接班人，所以，我们坚持社会主义核心价值观的德育宗旨。

小学正规化的课程学习对于小学阶段低年级的学生来说是一个巨大的挑战，有部分适应性不强、父母溺爱过度的学生，独立性差的学生会感到无所适从，甚至产生深深的恐惧感。因为，这些父母的"宝贝儿"，家庭的"小皇帝"刚刚从温暖的、众星拱月般的、熟悉的家庭生活进入比较严肃、比较紧张、比较复杂、比较正规的校园学习生活中。在学校这个"小社会"里，少年儿童的生活、学习、交友等人际环境以及学校密集开展的各种学习活动、评比活动、竞赛活动等对于他们来说都是与家庭生活、幼儿园生活完全不同的样态，变化如此之迅速，如此之激烈，对他们内心的冲击可想而知。为了适应这种变化，他们需要建立一种新的行为规则和交往规范，他们需要很迅速、很敏捷、很聪明地重新建立一套与之相适应的规则系统，用来调适人与人之间的关系，使学生从幼儿园的游戏关系过渡到小学正式的"同学"关系。《润之善》和《润之美》德育课程是学校德育榜样教育的专门课程，《润之成长》课程是引导学生提高动手实践能力，引导学生主动完成家务劳动，承担家庭责任，体会父母工作辛苦，懂得孝顺父母，友爱兄弟姐妹的德育课程。

同时，我们与华南师范大学、广东省教师发展中心、广东省外语艺术学院等多所高校合作，创造性地建立教育科研基地，在特色办学、课堂教学改革中能结合学校特点、学生特点、地区特点有针对性地解决问题，取得突破性成果，比较有效地破解师资不足、留守儿童多等难题，在具体实践中团结带领一班人创造性地提高办学质量，学校取得了全国足球特色学校、全国法治教育先进单位、广东省艺术特色学校、韶关市文明校园、韶关市未成年人思想道德建设先进单位等很多国家级、省级、市级等办学成果和办学荣誉，踏实、认真办好了让人民满意的教育，为新丰基础教育的进步和发展做出贡献。新丰县实验小学这所全县第一个按照现代化标准建设的小学，坚持社会主义办学方向，以牢固树立社会主义核心价值观为思想引领，以"承德纳新，尽善尽美"作为办学理念，通过贯彻、落实"善美文化"，给家长带来了惊喜，给学生带去了希望，正在努力创造新丰教育新的视角。

一、润之善美：向榜样看齐

手执奖状的学生

　　坚持社会主义办学方向，用社会主义核心价值观指引育人工作，育善育美。培养未来社会的建设者和接班人，社会公德、体育道德、艺术品德分别对应儿童发展的社会适应、身体运动、认知发展三个方面。而我们十分重视的《润之美》课程是专门针对小学生从形象思维向抽象思维发展的年龄特点，可塑性强，善于模仿，需要参照物对比，喜欢先进榜样的心理特点。在道德选择和道德评价中获得道德认知的实际，充分发挥榜样教育的特殊性和强烈感染力，导引学生的道德情感，指导学生的道德行为。

　　我们在实践中构建了一年级到六年级完整的社会行为习惯培养课程，遵循低起点、小步子、可操作、看得见的原则，循序渐进，螺旋上升，逐年提高标准和要求，直到六年级毕业，用六年时间培养学生养成规矩的意识、严谨的作风。

根据构建主义理论的观点和儿童发展心理学的理论观点，儿童道德生活的构建是儿童在社会（学校）生活中，发挥主体意识，在参与道德活动中，不断感知、判断、获得、丰富个体的道德生活经验的主动发展的过程。也就是说，每个儿童个体都是主动构建和发展自己的道德经验，获得道德生活成长的过程，在这个过程中，道德情感是基础，没有共情，道德认识不会发生，这是一个与学科知识构建过程完全不同的过程，依据儿童在道德发展中是以模仿学习为主的特点，我们建立了"一个操作，一套习惯，一门课程"的进阶式社会公德习得实践融合道德课程。一个操作，就是依据儿童可塑性强的年龄特点，以学生"三管好"为德育开端，在日常校园、校外生活中建立规矩、严谨的行为习惯，固化学生的行为动作，用动作指挥思想。

（一）按照社会适应发展要求，建立"三管好"言行训练系统

人是环境的产物，在个体的社会性适应发展过程中，会把"习以为常"的言行变成习惯储存到人的潜意识中，不知不觉地深刻影响着人的外部动作。

"三管好"是德育课程融合实践的关键点，也是德育工作的一个重要抓手，从小孔开端，从小事入手，从小处着眼，从小节建设，一点一滴、一言一行、一时一出都是实践德育，生活德育，过程德育。

三管好之一：管好嘴

人们常说眼睛是心灵的窗户，那么嘴巴就是思想的大门，说话体现了一个人的智慧，有的人偶尔会产生"口误"，这其实就是人深层次、潜意识的反映。我国历史上，培养人的过程就有齐口、修身、齐家、治国、平天下的说法。排在基础发展地位的要求就是"齐口"，"子不语怪力乱神""君子坦荡荡，小人长戚戚"。《弟子规》也说："话说多，不如

少，惟其是，勿佞巧。”荀子说：“君子之学也，以美其身；小人之学也，以为禽犊。”这句话的意思是：君子学习是为了完善自我，而小人学习是为了卖弄和哗众取宠。孔子曾说，“三思而后行”“三思而后言”就是这个道理，我们立身处世应该谨言慎行。《菜根谭》说：“十语九中，未必称奇，一语不中，则愆尤骈集。”这句话的意思是：十句话说对九句，未必有人说你好，但如果说错一句话，则各种指责、抱怨就会集中到你身上。我们对此尤应注意。在社会生活中，语言不庄重的人说起话来东拉西扯、喋喋不休，也会招来很多人的讨厌。所以我们教育学生平时说话就要注意，有意义的话可以说，没有意义的话不必多讲。这也符合孔子所说的“君子欲讷于言而敏于行”的思想，即君子应该在言语上谨慎迟钝，做事上勤劳敏捷。另外，从通俗理解的角度，这句话也可以简单地理解为君子要少说话、多做事。

一年级的“入学教育课程”就开始进行军训式的行为习惯训练，从一分钟安静，到五分钟安静，再到十五分钟安静，最后到二十分钟安静。经过三个星期左右的行为教育，一年级大多数学生、大多数班级都能做到安静等候、安静听讲、安静排队。管好嘴的训练就是教育学生学会从“静身”到“静心”的历练过程。

三管好之二：管好腿

我国是礼仪之邦，对一个人的行为有着严格的标准，中国古代先贤们就对一个人的行、走、坐等方面的仪表要求制定了很好的标准，用通俗易懂的语言传承下来并运用到生活中，一个人行、走、坐的标准是：立如松，行如风，坐如钟，卧如弓。

立如松：一个人在站立时，姿态要端庄，要像一棵参天松树一样，挺拔生长，顶天立地，身体挺直了，内心才会充满自信，这样我们会觉得人之所以为人是很值得骄傲的，因为天地万物之中只有“人”这个物种才可以“顶天立地”，人汲取天地之正气，树立一个大写的“人”字。站立时要端正有站相，须抬头挺胸，精神饱满，不可以弯腰驼背，垂头丧气。问候他人时，不论鞠躬或拱手都要真诚恭敬，不能敷衍了事。

行如风：我们在日常生活中很容易辨识练习过芭蕾舞的人，或者是接受过舞蹈训练的人，为什么？就是他们接受过专业的训练，即使日常的行走，不是在舞台上，他们也是"行如风"，昂首挺胸，抬头收腹，步履轻盈。你走路时表现出来的行为往往代表了你内在的一种心境，你心里很自在、很愉快，脚步就会很轻盈；你心里不高兴了，脚步就会沉重，觉得很累，走路是一种负担。行如风不是轻飘飘的，脚不沾地，而是衣履带风、神清气爽、步履轻快、精神抖擞。《弟子规》说："步从容，立端正。"这句话的意思是：走路时步伐应当从容稳重，不慌不忙，不急不缓。

坐如钟：站有站相，坐有坐姿，坐姿要有稳如泰山的样子，也就是坐着要像铜钟一样稳健。就像《弟子规》教导说的："勿践阈，勿跛倚。勿箕踞，勿摇髀。缓揭帘，勿有声。宽转弯，勿触棱。执虚器，如执盈。入虚室，如有人。事勿忙，忙多错。勿畏难，勿轻略。斗闹场，绝勿近。邪僻事，绝勿问。将入门，问孰存。将上堂，声必扬。"

我们可以从韶关市当地的历史风流人物故事中来学习符合社会生活需要的"坐立行走"的基本规范，韶关市是张九龄的故乡，张九龄是唐代著名的诗人，也是一位优秀的政治家。"九龄风度"是一份厚重的德育财富。据说张九龄容貌清秀，平时总是衣冠整洁、一丝不苟。走在路上显得风度翩翩、与众不同。上朝时鹤立鸡群、卓尔不凡，在众人中间，他总是很显眼，连皇帝都对他的外形和举止赞赏有加。所以，现在很多重要行业、重要活动都要求着正装出席，因为正装代表了一个人的精神面貌，同衣着整洁且有风度的人在一起，我们就会觉得愉快，感到精神焕发。《弟子规》说："冠必正，纽必结。袜与履，俱紧切。置冠服，有定位。勿乱顿，致污秽。衣贵洁，不贵华。上循分，下称家。"

"管好腿"是表示管好一个人的行为，不慌不忙、不疾不徐、张弛有度、彬彬有礼。《弟子规》也用总结性的语言告诉我们"步从容，立端正"，我们走路的时候应该要从容不迫，态度神情，还有我们的仪态应该要以自然为好。"立端正"的"立"指的是站立，站立一定要站得正、站得稳。所以从小父母就告诉我们，站要有站相，坐要有坐相。上课的时候老师要求学生坐姿端正，才能专心听讲，我们的精神就容易集中。如果我们东倒西歪、挠头抓耳、东张西望、坐得很随意、坐得感觉很舒服，就很容易分神和分心，过度放松也会导致打瞌睡。那么，这个习惯一旦养成以后要改回来就很困难。并且，有的学生就是因为常年坐姿不端正，习惯没养好，很容易引起近视眼、驼背等现象。

三管好之三：排好队

在"三管好"行为习惯培养课程中，排好队是一个核心要素，也是核心训练课程。根据有关"21天养成习惯"的方法论，我们认为排队等候的习惯是现代文明公民的必备素质，是学生社会化的重要评价指标。我们根据学生生活的范围不同，分为校外排队习惯训练课程、校内排队习惯训练课程。校外排队习惯训练课程主要有公交车站排队礼仪要求，超市、商店付款排队礼仪要求，景区、公厕、小区排队礼仪要求等。校内排队习惯训练课程主要有室外课程来回排队礼仪要求，功能室课程来回排队礼仪要求，饮水机接水轮候排队礼仪要求等。养成凡是有两个人等候时，都自觉按照先后顺序进行排队，做到耐心、安静、有序。

（二）按照年级不同，建立行为习惯进阶式培养系统

新丰县实验小学各年级习惯培养系统见下表。

一年级

学习习惯	1.整理文具。 2.晨读。 3.养成正确的读书、写字姿势。 4.能阅读拼音小故事
生活习惯	1.每晚准备好第二天的学习用品。 2.早睡早起。 3.按时吃饭，爱惜粮食，不吃零食。 4.爱护书本、爱惜学习用品。 5.自己穿衣服，系鞋带
交友习惯	1.同学之间友好相处，不打架、不骂人。 2.乐于帮助同学。 3.不与陌生人交往
健康习惯	1.早晚刷牙。 2.饭前便后洗手。 3.不买小摊食品。 4.按时做两操
行为习惯	1.见到老师和客人主动问好。 2.不乱扔果皮、纸屑。 3.公共场合不大声喧哗
其他习惯	对他人的帮助要心存感激

二年级

学习习惯	1.整理文具。 2.晨读。 3.认真听讲。 4.自觉阅读课外书
生活习惯	1.自己能做的事情自己做。 2.吃饭不挑食。 3.早睡早起。 4.自己穿衣服
交友习惯	1.不与陌生人交往。 2.不欺负比自己弱小的同学。 3.同学之间友好相处，乐于帮助同学
健康习惯	1.早晚刷牙。 2.饭前便后洗手。 3.不买小摊食品。 4.每天锻炼1小时
行为习惯	1.会礼貌用语。 2.按顺序上下车。 3.公共场合不大声喧哗。 4.爱护花草树木
其他习惯	1.对他人的帮助要心存感激。 2.随手关灯和水龙头

三年级

学习习惯	1.每天预习。 2.晨读。 3.独立学习和思考问题。 4.阅读课外书。 5.作业干净整洁
生活习惯	1.自己的事情自己做。 2.合理安排时间。 3.按时吃饭，爱惜粮食，不吃零食
交友习惯	1.能学到他人身上的优点。 2.远离品行恶劣的人。 3.主动帮助有困难的人
健康习惯	1.勤换衣服，勤洗澡。 2.每天坚持锻炼1小时。 3.有良好的用眼习惯
行为习惯	1.主动排队上下车。 2.爱护花草树木。 3.用文明语言和别人交谈
其他习惯	1.养成节约的好习惯。 2.孝敬父母

四年级

学习习惯	1.晨读。 2.自主学习。 3.积极思考。 4.每天预习复习。 5.作业干净整洁并且效率高
生活习惯	1.自己的事情自己做。 2.合理有效地安排时间。 3.按时吃饭，爱惜粮食，不吃零食，不买三无食品
交友习惯	1.尊重他人。 2.真诚。 3.分辨是非。 4.不与品行恶劣的人交往
健康习惯	1.衣服干净整洁。 2.每天锻炼不少于1小时。 3.有良好的心理素质
行为习惯	1.自觉遵守公共秩序。 2.用文明的语言和行为与他人交往
其他习惯	1.爱家人，爱同学，爱学校。 2.为父母和家人做一些力所能及的事情

五年级

学习习惯	1.晨读。 2.自主学习。 3.积极独立思考。 4.每天预习与复习。 5.有自己独立的见解。 6.阅读科普读物和文学作品
生活习惯	1.合理有效地安排时间。 2.有良好的生活习惯。 3.不去网吧、酒吧。 4.不买小摊的食品与用品
交友习惯	1.热情大方。 2.友好真诚。 3.与积极健康的人做朋友。 4.关心帮助朋友
健康习惯	1.讲究个人卫生。 2.每天坚持锻炼1小时。 3.用积极健康的心态对待生活和学习
行为习惯	1.自觉维护公共秩序。 2.用文明的语言和行为与他人交往。 3.尊重当地的风俗习惯，时时注意礼貌
其他习惯	1.感恩他人，感恩社会。 2.积极参加力所能及的公益活动或公益服务

六年级

学习习惯	1.晨读。 2.自主学习。 3.积极独立思考。 4.每天预习与复习。 5.有自己的独立见解。 6.阅读科普读物和文学作品
生活习惯	1.合理有效地安排时间。 2.有良好的生活习惯。 3.不去网吧、酒吧。 4.不买小摊的食品与用品
交友习惯	1.热情大方。 2.友好真诚。 3.与积极、健康的人做朋友。 4.关心帮助朋友
健康习惯	1.讲究个人卫生。 2.每天坚持锻炼1小时。 3.用积极健康的心态对待生活和学习
行为习惯	1.自觉维护公共秩序。 2.用文明的语言和行为与他人交往。 3.尊重当地的风俗习惯，时时注意礼貌
其他习惯	1.感恩他人，感恩社会。 2.积极参加力所能及的公益活动或公益服务

（三）以"知"导"行"，开设好入学教育课程

新丰县实验小学入学教育课程内容。

第一课　身份认知：我是小学生了

一、教育与训练的目标

（1）知道自己学校的名称和自己是一年级几班的学生。

（2）初步学会大胆地向老师、同学介绍自己的姓名、家庭住址及爱好。

（3）认识自己周围的同学。

二、教育与训练的要点

（1）我是什么学校一年级几班的学生。

（2）自我介绍：自己的姓名、家庭住址及爱好。

（3）认识自己周围的同学。

三、教育与训练的准备

（1）选择几位胆子大、口齿清晰的学生按教学要点先做准备。

（2）用小黑板先写好课题、校名、班级并注上拼音。

四、教育与训练的过程

1. 谈话揭题

师：小朋友，从今天起，你们有两个名字：一个是自己的姓名，另一个是大家共同的名字，那就是——小学生。（揭示课题）跟老师读：我是小学生了。当小学生高兴吗？当了小学生说明你们已经长大，能懂得更多的道理，能学到更多的本领，这是很光荣的事。

2. 认识校名、年级、班级

开学的第一天，当踏进校门就说明你已经是我们学校的一名学生了。谁知道我们学校的校名？

（1）出示带有注音的小黑板：新丰县实验小学。

（2）教师按拼音正确地把校名念一遍。请学生跟老师念。请个别学生念。

（3）谁知道我们学校在什么路上？（校前路）我们学校周围有什么机关、商店？［我们学校前面是新丰县东门派出所，后面是新丰县卫生和计划生育局（现为新丰县卫生健康局）］教师正确地介绍学校所在地的道路名称、学校周围的环境。

（4）教师边画边讲年级与班级。

请每个学生讲讲：我是新丰县实验小学一年级（×）班的小学生。

（5）我们的教室在哪里？（丰登楼一楼）

（6）巩固校名、年级、班级。

出示：我是（　　　）小学（　　　）年级（　　　）班的小学生。

（7）指名讲、同桌讲、开火车讲。

3. 自我介绍

师：我们这个班有（　　　）个学生。大家今后要一起学习，一起生活，一起玩耍，那就得认识一下。

（1）示范引路。

师：谁来介绍一下自己的姓名，家住在哪里？

（2）同桌互相介绍。

（3）介绍爱好。

师：我们小朋友在幼儿园或在家里都有许多爱好，有的爱唱歌，有的爱跳舞，有的爱画画，有的爱讲故事，还有的爱下棋。谁能把自己的爱好大声地向大家介绍一下？

（4）连起来做介绍。

师：现在请小朋友把自己的姓名、家住在哪里、喜欢什么，连起来讲给全班小朋友听。讲的时候人要立正站直，声音要响亮，说话要清晰，用普通话讲。

（5）"开火车"介绍，比一比哪列火车开得好？

4.认识周围的同学

跟周围的同学谈话，认识自己周围的同学，然后跟同桌说一说：我的前面是××，后面是××，左边是××，右边是××。

5.个别指名说（略）

6.小结（略）

五、教育与训练的巩固和延伸

（1）为鼓励学生达到预期目标，教师可设计一些图表，如贴小红花、登上"三好山"、看谁小红花多等。

（2）开学的第一周，教师可以每天点一下名，让学生起立答"到"，以帮助学生互相认识。

认识前后左右的同学。

以闯关的形式鼓励学生，适当奖励学生。

第二课　熟悉我们的学校

一、教育与训练的目标

（1）熟悉学校的环境，参观学校，认识每栋楼的名字及功能。

（2）知道升旗、上体育课的地点及路线。

（3）知道厕所在哪里，知道怎样文明如厕。

二、教育与训练的要点

（1）熟悉学校的环境，参观学校，认识每栋楼的名字及功能。

丰润楼：校长及学校其他领导办公的地方，少先队部室在丰润楼一楼。

丰登楼、丰采楼、丰美楼：我们上课的地方，这三栋楼的东边连廊是老师办公室，西边连廊是厕所。

丰硕楼：音乐室、图书室在丰硕楼。

中心广场：升旗和集会的地方。

运动场和体育馆：上体育课和做操的地方。

游泳池：各项设施完善以后，我们可以在那里上游泳课，但是要在老师的带领下才可以进入，不可以私自到那里玩耍。

（2）知道升旗、上体育课的地点及路线。

（3）知道厕所在哪里，知道怎样文明如厕。

三、教育与训练的过程

（1）集队参观学校，老师介绍每栋楼的名称及功能。

（2）带领学生熟悉升旗仪式的路线及场地。

（3）带领学生熟悉上体育课的路线及位置。

（4）带领学生熟悉厕所的位置，知道怎样文明如厕。

告诉学生，下课上完厕所后再玩，小学生上厕所要男女分开，男生上厕所时要尿到便池里，拉完了才把裤子提起来。女生上厕所时要把裤子拉好，不要尿到裤子上。

文明如厕儿歌

如厕安全很重要，

及时如厕不憋尿。

依次排队不嬉闹，

轻手轻脚防滑倒。

便后冲厕要记牢，

文明安全都做好。

第三课 集队快静齐 集会守纪律

一、教育与训练的目标

（1）使学生懂得集队快静齐是遵守纪律的表现，初步做到集队快静齐。

（2）知道排队走路思想要集中，初步学会排队走路。

（3）懂得开会时要遵守纪律，能按照规定拿好凳子排队入场。

二、教育与训练的要点

（1）排队一条线，动作快静齐。

（2）走路思想要集中，一个跟着一个走，不东张西望。

（3）按规定的方法拿好凳子，排队去会场。

（4）开会时专心听讲，不随便讲话，不做小动作。

三、教育与训练的准备

（1）带学生参观高年级学生集队训练。

（2）排好学生队伍的秩序，指定排队的地点。

（3）播放解放军列队、队列训练的图片或录像。

四、教育与训练的过程

1. 看图片导入（PPT）

师：小朋友，你们看了解放军叔叔列队训练的图片，有什么感觉？你们参观了高年级大哥哥、大姐姐的集队，有什么想法？

生：高年级大哥哥、大姐姐向解放军叔叔学习，集队做到快静齐，集会守纪律，这是我们小学生应该学会的，今天我们就来学习这项本领。

（1）要做到集队快静齐，我们全班同学就要齐心合力。你们看到解放军叔叔，还有大哥哥、大姐姐在集队时，他们的嘴巴有没有发出声音？他们的动作怎么样？他们的眼睛又怎么样？

讨论后归纳：不讲话，动作快，要专心。这样才能像大哥哥、大姐姐那样，一条心，静齐快。

（2）集队训练。老师讲清各小组排队位置和口令的意思：1——起立；2——放好凳子；3——迅速排队。哪一组先学习解放军，为大家做榜样？全班训练几次，大家评议。

2. 走路思想要集中，一个跟着一个走

（1）排好队伍出去的时候，要让队伍仍然整齐，有什么方法？讨论后归纳：走路思想要集中，一个跟着一个走，不东张西望。

（2）走路训练。哪一组来试试把队伍走整齐？（老师讲清走的路线，请一组同学演示走一次，全班评议）全班学生排队走，教师选几位学生在每一段路上检查，看哪一组学生能按要求走整齐。

3. 拿好凳子，排队入场

（1）如果学校要开大会，我们就得拿着凳子到会场去，在会场上我们应该怎样做？

讨论后归纳：开会和上课一样要守纪律，专心听讲，不讲话，不做小动作。

（2）拿凳子训练。教师演示并讲述学校规定的拿凳子方法。请一位学生到讲台前为全班学生演示。请一组学生按要领训练，师生评议。

集体按要领训练，教师表扬动作正确、行动快的学生，并请这些学生为大家表演。

（3）拿凳子排队进会场训练。教师讲清要求：不讲话，动作快，凳子要按规定拿，走路思想要集中，一个跟着一个走，上下楼梯靠右走。请几位学生到每一段路上检查，表扬行为好的学生。回教室也是同样的要求。

4. 小结

师：小朋友，今天我们向解放军叔叔学习，学会了集队快静齐、排队走路，拿凳子去开会的方法；也知道了小学生上课要遵守纪律，开会也要遵守纪律。我相信经过一段时间的努力，我们会像大哥哥、大姐姐一样学会这项本领。让我们每个小组来比一比，看哪个小组的小朋友心最齐，最像小解放军。

五、教育与训练的巩固和延伸

（1）开展"学习解放军，集队快静齐"竞赛。

（2）每次拿凳子集会，教师要事先提醒学生按要求拿凳子，队排齐，开会时要细观察，会后要表扬守纪律的好学生，并进行记录。

第四课　做好课前准备

一、教育与训练的目标

（1）使学生懂得做好课前准备是上好课的前提。

（2）学会按要求做好课前准备，并逐步养成做好课前准备的良好习惯。

二、教育与训练的要点

（1）下课先准备好下一节课的学习用品再去玩。

（2）学习用品应当按规定的位置放好，动作要快。

（3）预备铃声响，停止一切活动，依次进教室，等候老师上课。

三、教育与训练的准备

（1）一张课程表。

（2）一张课桌平面图。

（3）自制录音"听到上课铃"。

四、教育与训练的过程

1. 谈话导入

师：小朋友，解放军叔叔在打仗前，总要把枪擦得亮亮的。火车司机在开火车前，总要检查一下每个轮子的螺丝钉有没有拧紧。农民伯伯在割稻前，总要把镰刀磨得快快的。同样，我们小学生在学本领前，也要把学习用品准备好，这样才能顺利地学本领，今天我们就来学习"做好课前准备"。

2. 演示明礼导行

（1）课间十分钟先做好课前准备。小朋友，下课铃响了，你想想，应该做什么？（讨论）

下课铃响了，这是告诉你：快快做好下一节课的准备工作，再去如厕和玩耍。你应该知道下一节是什么课，需要准备什么学习用品。你应当：①把上节课的课本放进书包里。②把应该交的本子交上去。③把下节课的学习用品按老师的规定放整齐，然后离开教室去如厕和玩耍。

（2）学习用品应当放在指定的地方。我们在做课前准备时，学习用品应当放在什么地方呢？

①出示：课桌平面图。学习用品就像我们小学生一样，都有一定的位置。课本在上面，本子在下面，叠在一起，坐在左边的小朋友放在左角，坐在右边的小朋友放在右角，铅笔盒放桌面正前方。在放铅笔盒前要检查一下，铅笔有没有削好，要不要再削一下。②请一名学生演示。③请全体学生按上语文课的要求统一练一练。

3. 巩固联系

（1）教师贴出当日课程表，按照要求训练。

（2）示范引路。①请一位学生讲一下课前准备的三步。②按课程表练练。

（3）集体训练。①同桌对讲：课前准备的三步。②按课程表的科目提要求，逐一训练。

（4）比一比，练一练，同桌竞赛。

4. 听录音明理导行

（1）听录音"听到上课铃响"。

（2）讨论：听到上课铃响，同学们怎么样？

归纳：上课铃响了就是告诉你：上课啦！快进教室！同学们都立即停止一切活动，依次走进教室，赶快坐在自己的位子上，看看学习用品有没有放整齐，静下心来，放好小手，等待老师来上课。

（3）说说："你该怎么办？"①你在排队滑滑梯，正要轮到上滑梯时，上课铃响了，你该怎么办？②你在操场上踢球，正玩得高兴时，听到上课铃响了，你该怎么办？③你想找二年级的一位同学借一样东西，听到上课铃响了，你该怎么办？

5. 小结

师：小朋友，今天大家都知道了课前准备很重要，也知道了怎样做好课前准备，希望大家按老师的要求去做。我们将开展"课前准备竞赛"，看哪一组红旗多，希望每位同学为小组争光。

五、教育与训练的巩固和延伸

（1）开展"课前准备竞赛"活动。

（2）小组从第一人开始轮流担任课前准备检查员。

（3）上课铃响，请值日生检查进教室和等待老师来上课的情况。

（4）教师要在这段时间里集中精力抓好此项训练，形成常规，养成习惯。

第五课　爱惜学习用品

一、教育与训练的目标

知道书本、学习用品是学习知识的好朋友，我们要爱惜它们；初步学会爱护书本和学习用品的方法，养成爱护书本、学习用品的好习惯。

二、教育与训练的要点

（1）知道书本、学习用品是我们学习知识的好朋友。

（2）学习爱护书本，不乱涂乱画，不弄破弄脏，不翘角。

（3）学习爱惜学习用品，正确使用橡皮，不弄碎橡皮，不在垫板上涂画。

三、教育与训练的准备

（1）请学生包好书面。

（2）了解本班爱护书本和学习用品的学生。

（3）上课前请学生把书本、学习用品放在课桌上。

四、教育与训练的过程

1. 游戏导入

"看谁先找到！"教师从语文课本中提出几个生字或选一篇课文，比一比，看谁先找到在语文书的哪一页。教师又从数学课本中提出加法或减法的课题，让学生比一比，看谁先找到在数学书的哪一页。表扬找得快的学生。引出：我们从课本中能学到许多知识，我们学习离不开书本。然后提出：如果我们在写字时不小心写错了，怎么办？同样，我们学习也离不开铅笔、橡皮、垫板。它们都是我们学习的好朋友。

2. 激情明理

（1）观看爱护文具的图片或视频。

（2）启发讨论。①小方为什么要哭？②为什么书本、橡皮不愿意和小方交朋友，而愿意和小红交朋友？③请你们给小方想想办法，让书本和橡皮回到小方身边。

（3）讨论后归纳：小朋友，书本和学习用品都是我们的好朋友，它们每天陪伴着我们上学，帮助我们学习知识，我们离不开它们，我们要爱护书本、爱惜学习用品。

3. 学榜样，懂方法

（1）树立榜样。

① 表扬班级中爱护书本、爱惜学习用品的学生。

② 出示受表扬学生的书本和学习用品。

③ 请受表扬的学生讲讲，他们是怎样爱护书本和学习用品的。

（2）讲方法。

① 书本：新书发下后要及时包好书面，不在书上乱涂乱画，不弄破，手脏了要及时洗干净再翻书。

② 学习用品：铅笔、橡皮要保管好，用完后再换新的。字写错了要用橡皮轻轻擦，不要乱削铅笔，不要弄断橡皮，更不要用小刀去切橡皮。垫板上不要乱涂乱画，保持干净。

（3）改缺点。

请学生检查自己的书本中有无乱涂乱画的地方，如果有请用橡皮轻轻地擦掉。把翘起的书角一张张翻平。打开铅笔盒，看看学习用品是否放整齐，说说今后怎么办。

4. 小结

师：今天我们知道了书本和学习用品都是我们学习本领的好朋友，也懂得了怎样爱护它们。希望大家向小红学习，爱惜学习用品。过一段时间我们再来比一比，谁做得好，谁改正缺点快。让我们都成为一名爱惜学习用品的好学生。

五、教育与训练的巩固和延伸

（1）每组可选出一名爱惜学习用品的学生当"小小保护神"，督促大家爱惜学习用品。

（2）对爱惜学习用品的学生，教师要及时表扬；对损坏学习用品的学生，教师要及时教育，帮助其纠正。

（3）学期结束时，开个学习用品展览会，比一比，谁的书本最整洁，谁的学习用品最节约。

第六课　看谁的书包整理得好

一、教育与训练的目标

（1）知道小学生的书包应当按要求分门别类放整齐，初步学会按要求整理书包。

（2）知道书包里不能放与上学无关的东西，初步养成保持书包整洁的好习惯。

二、教育与训练的要点

（1）按要求分门别类放好课本及学习用品。

（2）放书本时要注意书本的平整，不翘角。

（3）书包里不放与上学无关的东西。

（4）书包要保持整洁。

三、教育与训练的准备

(1)一个整洁的书包,一套一年级课本及学习用品。

(2)了解哪些学生平时会整理自己的书包。

(3)了解学生平时喜欢带哪些与学习无关的东西到学校来。

四、教育与训练的过程

1. 看视频导入

讨论:图图为什么找不到垫板?

归纳小结:书本、学习用品是我们的好朋友,我们应当把这些好朋友放在一个整洁的"家"里,书包就是它们的家,怎样才能把这些好朋友保管好呢?

2. 继续看视频,明道理

(1)壮壮哥哥是怎样教图图整理书包的?(文具要分类)

(2)对照检查。自己书包里的文具分类摆放了吗?

(3)引导学生自己动手整理书包。

(4)教师归纳:整洁的书包是将书本、学习用品整齐有序地放,能保护好它们;不整洁的书包是书本、学习用品乱放,会损坏它们。

3. 激情导行

(1)拿出高年级同学整洁的书包,把整洁有序的书本、学习用品展示给学生看,提问我们小学生喜欢自己的书包像大哥哥、大姐姐的一样吗?我们应当从小学会爱护书本和学习用品。

(2)教师示范。书包要保持整洁,书、本子、垫板、文具盒要按规定整理好放在书包里。

教师拿出准备好的书包和一套学习用品,边讲边演示。注意放书和本子时要平整、不翘角。

(3)训练。

① 集体训练。按老师的要求把书、本子、学习用品按次序放好并检查

一下书和本子有没有翘角，如有翘角的要弄平再放进去。

②同桌训练互查。训练时要注意巡视并进行纠正。

③平时拿书、拿本子或放书、放本子，左手要按住前面的书本，免得翘角或损坏。教师示范，学生练习。

（4）提出要求。

①书包是放学习用品的地方，在书包里不要放与上学无关的东西，如玩具、零食等。

②书包要保持整洁，在学校时要放在抽屉里，在家里时要放在固定的地方。脏了要及时洗。

4. 小结

师：小朋友，今天我们知道了要保护好学习用品，就应当整理好书包，从小养成按次序整理书包、学习用品的习惯，这样才能使我们更好地学习。今天老师表扬了能把书本、学习用品整理得整齐的小朋友，以后我们来比一比谁能坚持把书包整理好，做书包的主人。

五、教育与训练的巩固和延伸

（1）教师要坚持连续检查学生的书包一周，表扬和督促学生养成良好的整理书包的习惯。

（2）向家长提出要求，让学生按要求在家里自己整理好书包，并把书包放在固定的地方。

第七课　读写姿势要正确

一、教育与训练的目标

知道保护视力需要正确的读写姿势，初步学会正确的读写姿势，养成良好的读写习惯。

二、教育与训练的要点

（1）保护视力需要正确的读写姿势。

（2）正确的读书姿势：身直、肩平、眼离书本一尺。

（3）正确的写字姿势：身要坐直，书本放平，拿笔一寸，看书一尺，写字一拳。

三、教育与训练的准备

读写姿势视频或图片。

四、教育与训练的过程

1. 导入

出示图片：为什么这些学生会变成这样子？

2. 讨论

我们应该怎样做？

3. 演示导行

（1）出示读书姿势视频。

同学们看视频、读书的时候，应该像图上的小朋友一样，做到身体坐直，头放正，肩放平，再把书拿起来，眼睛离书本一尺远。

教师示范，学生跟着做。（教师分解动作示范，速度稍慢，边示范边讲解）

注意：眼睛离书本一尺远，可跟学生解释，尺相当于你们文具盒的长边那么长，只要把文具盒放在眼睛和书本之间量一量就可以了。教师巡视，一一纠正。请姿势较好的学生上台示范。

学习儿歌：小朋友，爱读书，读书姿势要做到：身直、头正、肩平，眼离书本一尺远。

过渡：同学们，我们在学校学习，每天不仅要读书，还要写字。哪个同学会写字？大家说说他做得对吗？写字姿势很重要，写字姿势不正确字就写不好，时间长了，视力就会变差，身体也会长不好。

（2）写字姿势视频或图片。

看图片，正确的写字姿势要跟图片上的小朋友一样，做到身体坐正，书本放平，手离笔尖一寸，眼离书本一尺，胸离桌边一拳。教师示范分解动作，速度稍慢，握笔动作要详细讲，做完稍停片刻，让学生看清楚。

①人坐正，身体坐直。

②把书本放平。

③拿起笔（握笔）的手离笔尖一寸。

"一寸"是多少呢？"一寸"相当于老师的两个手指并拢时的宽度。对学生来说，差不多三个手指并拢那么宽。

握笔时，把拇指和食指放在离笔尖一寸的位置上，中指抵在下面，笔杆靠在虎口的位置。另外，无名指和小指勾起来，垫在中指下面。

④眼离书本一尺。把文具盒竖起来，放在书本和你的眼睛之间量一量就可以了。

⑤胸离桌边一拳。握紧左拳，拳心向下，放在桌边和前胸的中间。师生一起边说边做。学生训练，教师巡视，一一纠正。

学习儿歌：写字姿势要正确，身体坐正书放平，一寸、一尺和一拳，学好知识身体健。

请平时写字姿势较差的学生上台做写字姿势，同学们帮助纠正。

4. 小结

师：今天，我们学会了两个本领，知道了应该用怎样的姿势读书和写字。希望大家今后在读书、写字时，能按正确的姿势去做，学好知识，保护眼睛，成为对祖国有用的人才。让我们把今天学的读书、写字的儿歌连起来再念一遍。

五、教育与训练的巩固和延伸

（1）回家把儿歌念给家长听，并做给家长看。

（2）同桌竞赛，互相提醒。

（3）教师、同学、家长观察一星期，评出读写姿势正确的好学生。

第八课 注意力的训练

一、教育与训练的目标

（1）通过训练，培养学生的注意力。

（2）通过游戏训练学生的学习能力，使学生上课能专心听讲。

二、教育与训练的要点

（1）怎样才能集中精力听老师讲课。

（2）学会与其他人合作完成游戏。

三、教育与训练的准备

教师课前准备好一些分组的数字和一段话。

四、教育与训练的过程

1. 导入谈话

师：同学们，今天我们来做游戏，这些游戏需要大家集中注意力才能玩好哦，你们能做到吗？

2. 数字传真游戏

训练方法：老师将下列每个数字读一遍，学生在听完后凭记忆写下听到的数字。

例如，老师读：68715。学生听完后在纸上写：6871。

3. 听字游戏

训练方法：每一排的学生站起来左手向上，右手向下，分别跟两旁同学的手合起来，老师读下列短文，学生认真听，当听到"一"字就用右手打旁边同学的左手，同时自己的左手要快速收回来，不要让别人打到。

有一只小鸟，它的家搭在最高的树枝上，它的羽毛还未丰满，还不能飞，每日只在家里叽叽地叫着，和两只老鸟说着话儿，它们都觉得非常快乐。这一天早晨，它醒了，两只老鸟都找食物去了。一看见火红的太阳，它又害怕了，因为太阳太大了，它又看见一棵树上有好大一片树叶，树叶上又站着一只小鸟，正在吃害虫，害虫吃了很多树叶，让大树不能长大，大树是我们的好朋友，每一棵树都能产生氧气，让我们每一个人呼吸。这时老鸟马上飞过去，与小鸟一起吃害虫，吃得饱饱的，并为民除害。

4. 按顺序找数字游戏

训练方法：在一张有25个小方格的表中，将1~25的数字打乱顺序，填写在里面（见下表），然后以最快的速度从1数到25，要边读边指出，同时计时。

21	12	7	1	20
6	15	17	3	18
19	4	8	25	13
24	2	22	10	5
9	14	11	23	16

5. 萝卜蹲游戏

训练方法：四人为一组，每组人手牵着手围成一圈，当作萝卜给每组个人以颜色或数字命名，任意指定一个萝卜开始下蹲，同时还要念词，再指定别的萝卜做同样动作。

以实例加以说明：有红、白、黄、紫四个萝卜，白萝卜先蹲，蹲的时候念"白萝卜蹲，白萝卜蹲，白萝卜蹲完红萝卜蹲"。念完后所有萝卜手指一致指向红萝卜。红萝卜马上要开始蹲，且口中一样要念念有词，之后可以再指定下一个萝卜。

二、润之成长：积极劳动，热爱生活

认真播种的学生

劳动教育是贯彻党的教育方针，落实立德树人的关键课程、核心课程，也是培育和践行社会主义核心价值观的重要途径。一般来说，培养学生积极参加劳动实践有五个方面的作用。

（1）掌握必备的劳动技能。

（2）养成良好的劳动习惯。

（3）树立社会责任感。

（4）养成艰苦奋斗的优良品质。

（5）促进学生的心理健康。

瑞士心理学家皮亚杰（Piaget）认为："智慧来自双手。"我们在德育课程实践融合实验中，认识到劳动课程在德育课程中具有十分特殊的地位和十分重要的作用，是联结、沟通、巩固德育效果的重要环节，重视劳动教育，我们党的教育方针明确了两个"必须"，其中一个是"教育必须与生产劳动和社会实践相结合"，校园每年的植树节、班级绿化、文明公厕，学校极少设置垃圾桶，与环境友好，少产生垃圾，评选环保先进班。

在个人品德与社会公德的社会联结上，有几个方面是学校德育课程融合实践的主要方面，如生态教育、环保习惯、爱护公物等，既是"私德"养成，更是对"公德"呼唤的回应。劳动教育不是劳动教学，也不是教育劳动，它是基于培养德、智、体、美、劳全面发展的育人体系之一。

（一）建立基于集体教育的劳动评价体系——环保先进班级评选

（1）培养环境友好的意识，校园里面极少摆放垃圾桶，班级里以产生垃圾最少为光彩。物尽其用，避免浪费。

（2）建立班级绿化区域，开展劳动成果集体对比展示活动。

（3）划分好校园绿化管护区域，美丽的校园大家一起建设。

（4）每年坚持举行师生一起参与的校园植树节，打造成校园特色节日，既有劳动艰辛的汗水，更有合作劳动的成功和快乐。

（二）建立基于个人劳动技能习得的劳动成长记录档案

逐个年级设计好劳动技能学习项目和评价标准，树立劳动光荣、劳动快乐、劳动幸福的观念，在劳动过程中培养社会主义核心价值观。

（三）建立服务社会的志愿者管理制度

参加"家校社协同育人"志愿者活动，在创建文明社区、社区义务劳动、社区管理服务中，培养奉献精神，劳动观念。

（四）建立正确的人生观

学习劳模精神、工匠精神和榜样精神，引领正确的人生观、价值观。

三、社区实践：高度重视"三结合教育"工作

法律课堂——走进法院：人民法官老师讲解法律知识，认真学习的学生

　　学生"学德"是为了"立德"，人的遗传素质受先天的影响比较大，这些遗传素质表现为后天学习的基础和学习的潜能，学生都是带着个体特征和后天习得的经验参与到学习活动中的。学校的德育就要在这些学习潜能和经验基础之上，涵养、丰富学生已有的经验；春风化雨，润物无声的教育使学生现有的经验得到新的发育、生长，形成新的、丰富的认知系统。在这个过程中，社区生活实践显得尤为重要，它是德育实践的主阵地。

　　我们在新丰县关心下一代工作委员会和教育局的指导下，系统开展留

守儿童关爱工作，开设了家长大讲堂、家长学校、家长志愿者服务队，同时，积极与派出所、交通队、村中国共产党支部委员会和村民自治委员会建立良好的合作育人体系。

人民法官老师与学生合影留念

第二节　艺术品德育人实践融合课程

一、美育浸润实验：乐团的国内外四方合作平台

新丰县与香港特别行政区、深圳市、广州市合作建立完备的校园乐团。

新丰县少年乐团徽章

　　第六届教育部艺术教育委员会委员、首都师范大学美术学院教授尹少淳认为：美育更以美感教育完成其道德。前联合国教科文组织总干事伊琳娜·博科娃指出，科学研究一再表明，教育和文化之间有着密切的联系，美育对学习成绩的提高、社会情感的发展、公民参与的积极性等方面都有极其积极的影响。研究还表明，艺术对提高人的数学、阅读、认知能力、批判性思维和语言技能有益，艺术学习可以使人产生动机、集中注意力、增强信心和提高团队合作的能力。

　　在美育的行动中，最好的策略是让学生进行体验，体验是最重要的。

　　新丰县实验小学高度重视艺术教育工作，全面贯彻党的五育并举教育方针，以立德树人为根本任务，把培育和践行社会主义核心价值观融入学校美育全过程，引领学生树立正确的审美观念、陶冶高尚的道德情操、培养深厚的民族情感、激发想象力和创新意识、拥有开阔的视野和宽广的胸怀，培养造就德、智、体、美、劳全面发展的社会主义建设者和接班人，学校在艺术教育特色方面开拓进取、大胆创新，创立了三个校园乐团：国家级非物质文化遗产项目——客家汉乐团、新丰县少年乐团、教师巴乌乐团，一共培养了1000多名乐团学员，取得了出色的艺术教育成果，学校在2017年被评为广东省首批艺术特色学校。

（一）省级重点课题研究

凸显江源文明、艺术育人课题实验，申报了省级重点科研课题"音乐教育在留守儿童良好习惯培养中积极作用的研究"。

认真学习古筝的学生

专注的眼神，美丽的课堂，润物无声，雅乐育人。

（二）提倡全校教师人人学习一种乐器，以艺感染人

学校开设有16种器乐学习项目，学校有近100位老师、300多名学生参与各种不同乐器的学习。

新丰县实验小学开设了周一至周六每天一堂课的"体艺大课堂"，周一至周六每天都有许多学生、老师需要参加下午的"体艺大课堂"培训。

（三）薪火相传，以艺育德

"老学员带动新学员，小老师教小学生"，薪火相传，以艺育德，学生自愿学会一种乐器。

客家汉乐团学员首次参加韶关市中小学（幼儿园）"英东杯"文艺竞

赛，器乐项目荣获一等奖。

每一个老学员负责指导一个新学员进行学习，学会分享、学会奉献，是上课，也是育德。

老学员指导新学员学习琵琶

（四）开展多彩的校园艺术活动，以活动推动展示与交流

（1）学校利用每年的六一儿童节和元旦文艺会演开展音乐艺术特色活动。

（2）邀请音乐家参加学校校园音乐会——江源之音。

学校校园音乐会——江源之音

（3）传承国家级非物质文化遗产项目——客家汉乐。

国家级非物质文化遗产项目——客家汉乐

（五）每年暑假举办一场"江源之音"校园音乐会

（1）学校从2015年秋季创办至今已经成功举办了四届"江源之音"校园音乐会，获得了家长、上级领导和广大社会人士的高度赞扬。

新丰县少年乐团成立六周年全体成员合影

（2）创造音乐特色品牌——"江源之音"。2016年，举办第一届校园音乐会。2018年暑假，举办第三届校园音乐会暨新丰县少年乐团成立六周年汇报演出，名为"喜上眉梢——家长进乐团，体验孩子的进步和成长"。

喜上眉梢——家长进乐团，体验孩子的进步和成长

（3）优秀学生每年有一至两次机会到香港参加国际音乐交流活动，通过合作学习展示风采、提高水平、增强信心。

（六）互促互进，用优秀学生带领学生更优秀

优秀学员给予到香港等地区参加交流学习的奖励，激励学生努力学习、追求上进。

音乐教师与学生汇报演出后合影留念

（七）进行音乐特色校园文化建设，营造校园音乐文化

学校每天都有几百名学生需要背琴上学，既增加了学生自信，又获得了快乐，使自信与其同行。

我校编写了德育融合课程教材《客家汉乐团》。我校进行了了解十大名曲、认识十大名家、认识民乐乐器等校园文化建设工作，让学生在潜移默化中受到熏陶和教育，营造音乐特色氛围，增强学生学习的自豪感。

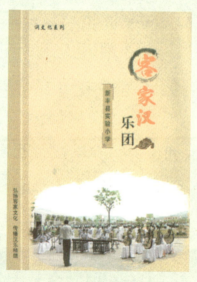

《客家汉乐团》图书封面

乐团学生每年都有选拔参加中国香港和境外演出的机会，在国际化的合作中，和西洋乐器同台演出同一曲目，真切地感受到合作的重要性，创新的成就感。经过多年的探索实践，我校的润文化系列育人活动取得了初步的成果，学校获得"中国好老师"公益行动计划基地校、广东省首批艺术特色学校、韶关市未成年人思想道德建设先进学校、韶关市文明单位等荣誉称号。学校特色乐团"客家汉乐团"连续两年荣获韶关市中小学（幼

儿园）"英东杯"一等奖，陈秀文等同学五次获得韶关市田径运动会金牌。在韶关市博物馆庆祝党的十九大召开的作品展览中，我校有五幅作品入选展览。

二、美育科研合作：引智发展的高效科研基地校

现代社会是一个以网络为主要交际环境的知识型、扁平化的资源型社会，现代学校德育更需要更新理念，跟上时代发展的步伐，美育作为最优美的熏陶式育人方式，怎样才能更快更好地进步呢？

学校经过与华南师范大学网络教育学院的充分沟通和多次调研，在新丰县教育局的批准同意下，经过3~5年的建设，申报建设为广东省华南师范大学网络研修与培训资源建设基地。

华南师范大学网络研修与培训资源建设基地

（一）基于创客空间的微课设计

借新一轮课程改革的东风，在学校教育科研中心，特别是广东省朱能法名校长工作室、韶关市信息化2.0工程建设名教师工作室、韶关市基础教

育名教师工作室的综合领导下，建设小学阶段全学科、全学段的，德育课程融合式的教师专业发展系列微课程。

（二）基于网络环境的教师学习制度

建立新时代德育工作的教师网络研修与资源学习的培训制度。

（三）打造新时代德育的名教师、名班主任、名校长

基于广东省朱能法名校长工作室、陈丽珍名教师工作室，在信息化2.0网络环境下推动基地学校和加盟学校加强德育课程的科研型教师队伍（即名校长、名教师、骨干教师、名班主任）的建设，利用好信息化2.0工程建设的契机打造一批新时代德育的名教师、名班主任、名校长。

（四）德育课程融合工作的提高方式

基础信息化2.0中心校的建设机制，有力地推动学校建设形成本地化、特色化、校本化的信息化的德育课程微课程资源库、教育案例库、方案指南库、视频资源库等，提高德育课程融合工作的指导性、有效性、时效性。

（五）建设高校，利用小学合作机制

在友好合作的基础上，争取得到教育行政部门的批准，用教育科研中心、德育研究基地、网络指导中心等形式，建立华南师范大学和新丰县实验小学共同参与的教师网络研修与培训资源建设平台、共享平台、研究平台、合作平台、发展平台、创新平台。

近3年，学校结合新时代德育工作的要求和推动学校优质均衡发展的要求，开发的教师专业德育融合课程发展微课程选题、授课师资、系列课

程题目及结构等。

1. 润文化课程

特级教师、物质文化传承人、省级名师承担。

（1）小学汉语基础。主要是建设系统化的汉语基础知识"思维导图"，形成网格化的知识系统。

（2）小学国学基础。

（3）小学行为习惯系统教育。

（4）小学学习习惯系统教育。

（5）新丰县江源文明的学习：历史河、母亲河、光辉河三个系列的课程文化学习。

2. 客家汉乐文化研究

国家级音乐家、艺术名家承担。

（1）收集、整理硕果仅存的客家汉乐曲谱。

（2）为客家汉乐配乐编曲。

（3）培训少年儿童学习客家汉乐。

（4）整理客家汉乐校本教材。

（5）推广并发扬光大客家汉乐。

3. 幸福人生课程学习

（1）好习惯的培养。

（2）好兴趣的开发。

（3）好身体的锻炼。

（4）好奇心的培育。

第三节　体育道德育人实践融合课程

运动的阳光照射在我们的心里

我们热爱体育。

足球、篮球让我们热血沸腾。

乒乓球、羽毛球让我们爱不释手。

我们在体育场上尽情奔跑，挥汗如雨，又为观看到一场精彩的体育比赛欢呼雀跃、赞叹不已。

生命在于运动。运动能强健我们的体质，提高机体的抵抗力和对自然环境的适应能力。

体育已经融入我们生命的每时每刻、一点一滴。

体育来自不断地练习和修整，来自汗水和心血，来自坚持不懈的努力。

体育的精髓不是赢得一场比赛，而是赢得一种尊严。你在奋斗中展现了自己，同时又享受到运动和竞争的乐趣，你已经收获了这场比赛，甚至品尝了这项运动的美妙果实。

体育使我们在运动、拼搏的过程中领悟到关于生活和自身的许多道理。因此，体育不仅仅与力量，甚至与更多有灵性的事物有着深刻的联系。

体育运动锻炼了我们的身体，磨炼了我们的意志，塑造了我们健康的个性。让我们每个人都积极加入体育运动中来；让我们在运动中获得健康，在运动中获得快乐。在体育运动中享受快乐和健康的人生！

一、全民皆运动，大手拉小手

"两文课程"（上午文化课程，下午文体课程）设计理念源于五育并举的思想，全面发展的学生必须是德才兼备的建设者和接班人。身心健康来自精神世界的健康，外在修身、内在修德。

新丰县实验小学倡导全面运动的群众体育，每学年开学初就制订了"全校教职工健康锻炼计划"，中间举行教职工羽毛球比赛、田径赛等，营造了浓厚的运动型学校氛围。热爱运动的教师才会带出热爱运动的学生。

班级举行班际足球联赛，学生羽毛球精英赛，学生体育艺术节，培养生龙活虎、精神抖擞的现代少年。

结合德育工作的实践性特点，我们减少了"说教式""口号式"的德育方式，我们践行的是榜样式、示范式、实践性的真德育、真育人。在小学十门主要课程中，体育起到了无比重要的作用，老师在指导学生掌握运动技能、方法、知识、技巧的基础上，付出汗水与努力的体育学习过程同时也培养了学生热爱体育、热爱生活的精神。积极乐观的人生态度，坚持每天锻炼一小时的习惯，遵守运动规则的纪律意识，既竞争又合作的体育精神，胜不骄、败不馁，勇敢拼搏，力争上游的顽强意志都是从体育运动中获得的道德品质及成长经历。

只有爱好运动的老师，才能培养出爱好运动的学生，大人就是重要的教学资源。所以，我们建立系统的教职工体育锻炼项目，完善的体育锻炼考勤方法，每天考勤、期末评奖、评优鼓励、榜样带动，许多柔弱的女老师经过运动锻炼之后，喜欢上了体育运动，爱上了体育锻炼。

许多学生都养成了天天坚持锻炼的好习惯，学校形成了到处是运动的身影、时时有人在运动的景象，形成了朝气蓬勃、积极向上的良好校风。

二、高端的设计，高水平培养

德育融合的体艺课程不是简单的娱乐性学习，而是人格的培养、素质的陶冶、高雅生活的意识播种。正如新丰县少年乐团创始人的观点：我们不是培养学生学习乐器，我们是借用乐器严格的学习过程来培养学生学会做人、学会做事。器乐的学习使学生懂得了合作、尊重、刻苦、磨炼的价值和意义。体育课程的学习使学生意识到了规则、纪律、团结的重要作用。

足球，邀请原国家队队员指导训练工作。

羽毛球，外聘专业的羽毛球教练进行科学的培训，学生接受系统化、正规化的科学训练。

游泳，国家级教练进行教学工作指导。

三、"泳"往直前，健康成长

新丰县实验小学是全韶关市第一所开出游泳课程的小学。2021年9月9日，新丰县实验小学游泳馆迎来了新丰县实验小学第一批游泳课学生（四年级学生），学生既紧张又兴奋。

在新学年，新丰县实验小学为了坚决贯彻落实国家"双减"政策，切实提高学生体质健康水平，将游泳纳入体育课。

游泳池景观

课前，对四年级学生的体质进行了全面健康排查，确保参加游泳课程学习的学生符合安全管理标准，为即将开展的教学活动"保驾护航"。课中，学校德育处、教导处联合工作，两位分管副校长亲自到游泳馆参加课程设计和教学活动组织。课后，及时进行总结，对下一步工作提出改进措施。

同上一堂课：学校体育教师+专业游泳教练+学校德育分管领导。2021年9月9日上午，在四年级学生第一节课游泳课课前，体育老师、游泳馆专业教练分别对学生进行游泳课课前准备和安全知识辅导，让学生接触、了解、认识游泳安全知识，做好安全宣传教育工作。

新丰县实验小学配备专业游泳教练，下图为游泳教练正在指导学生进行课前热身运动。

适应游泳池池水的学生

　　开心的课堂，快乐的学习："下水啦，下水啦……"新丰县实验小学四（7）班的学生在体育老师和游泳教练的管理下，开始开心地牵手下水，尝试学习游泳技能。

感受游泳池水深度的学生

　　游泳馆的专业教练进行教学培训，指导四年级的小学生双手扶着池边，学习在水中憋气、呼吸技能，为进一步学习做好基础准备工作。新丰县实验小学是全国和广东省认可的体育艺术特色学校。学校不断进行教学改革和课程创新，在积极贯彻国家"双减"政策中，主动设计和开展游泳课程，实施素质教育教学计划，培养具有综合素养的人才。

练习游泳的学生

附：

三德育人操作措施

一、社会公德

本校以"三管好"为德育要点，规范学生的行为习惯，排队习惯。本校被被评为韶关市未成年人思想道德建设先进单位，中国好老师全国基地校。

二、体育道德

我校培养学生合作、团队、纪律、毅力、拼搏、进取等精神。评选阳光少年、健康少年。我校聘请专业教练开展体育训练，如羽毛球、足球等，被评为全国足球特色学校。

三、艺术品德

我校让琴声走进千家万户，施行素质教育，将手机少年、网吧少年、电视少年转变为艺术少年、素养少年、上进少年、理想少年。我校被评为广东省首批艺术特色学校。每年举办三次音乐会。

习惯培养立竿见影："三管好"德育管理实施内容及效果

"三管好"是我们独创的德育概念，也是德育管理实施方法。这个概念的外延就是，管好嘴，不要大呼小叫，不要高声喧哗，养成在公众场合交谈时音量控制在需要听见的人能听见、不需要听见的人听不见（听不清）为标准，养成稳重、有素质、有修养的个人形象。

　　管好腿，就是不要乱奔乱跑，东奔西突，做事不要匆匆忙忙，"事勿忙，忙多错"，乱冲乱撞是一种粗鲁的行为。校园里有3000多名师生一起学习和生活，如果不注重校园秩序的管理，很容易发生安全问题，毕竟小学生注意范围不广，注意力不太会分配，一般只专注一个点，不太会科学分配自己的注意力，走廊、楼梯奔跑极容易撞上其他行人。此外，学生奔跑过马路是一个极为危险的行为，具有交通安全隐患，必须要严格执行"一停、二看、三走"的交通安全规则。

将汗水挥洒跑道的学生

　　排好队，就是在学校任何需要学生等候的地方都要排队，只要有两个人等候，就要排队。上功能教室的课需要排队去，排队回；用饮水机接水需要规矩排队；上厕所需要排队；上学需要在入口处排队；放学全班需要排队。学生天天排队，时时训练，只用一两个月的时间就养成了自觉排队的习惯。全县有100多个公交车站，只有穿新丰县实验小学海蓝色校服的学生会严格自觉排队，不论是干净整洁的商场门口，还是卫生环境有点差的农贸市场，学生都规规矩矩、认认真真排队等候。学生的良好行为甚至影响和带动了成年人的行为，推动了整个城市的文明进程。

　　为什么在"三管好"学生行为习惯教育中"管好嘴"排在第一重要的

位置呢？在人的众多器官中，嘴巴是一个直接指挥大脑的特殊器官，管好嘴从某种意义上来说就是管理大脑、管好意识、管好思想、管好精神。从学校德育管理系统来说，管好嘴，几千人的校园就安静了，管理规则就留心听了，学生就不会分心分神了。

管好腿排在第二重要的位置，思想控制行动，行动反过来制约想法。校园没有人乱奔乱跑，安全有保障，秩序井然，有条不紊，校园管理就顺畅了。

排好队是在前面两点管好的基础上，水到渠成的德育管理措施，"三管好"的落脚点和最终目标也是德育成果的最终体现。社会文明程度如何，会不会自觉排队是一个检验的窗口。

我们从德育的这些"细枝末节"入手，取得了立竿见影的德育效果，从原来村小学、私立农民工子弟学校等转学、分流、撤并、合并过来的3000多名学生，我们只用了两个月时间就做到了规规矩矩、秩序井然，与一线城市一样正规化，有了现代化学校应有的模样，我们"以德立校"的德育工作取得了极为显著的效果，得到了广大家长、领导、社会群众的高度赞扬，学校几乎每周都有迎接各级领导、同行参观学习的任务，新丰县实验小学成了当地办好优质学校的一张亮丽名片。

平台建设高屋建瓴："四有好老师"全国基地校

以德立校，教师是第一资源，身教胜于言教，其身正，不令而从，其身不正，虽令不行。新丰县实验小学是全国首批"四有好老师"全国基地学校，我们在师德师风建设过程中，始终坚持做有理想信念、有道德情操、有扎实学识、有仁爱之心的高标准教师，做到严要求，率先垂范，为人师表。

"中国好老师"公益行动计划基地校证书

善美教育的真谛：我理想中的教育是教师和学生都能幸福地成长（教学相长，人生增值）；我理想中的学校是"三声"（书声、歌声、笑声）；我理想中的教育是快乐学习（认真的快乐、勤奋的快乐、团结的快乐、认同的快乐）；我理想中的师生关系是人际和谐；我理想中的人才（教师）是身体棒棒的，心情靓靓的（善美的），点亮自己（老师应该是太阳能电池，充实自己，才能照亮别人，并且要环保、持续、可循环使用，不要做蜡烛，更不要做干电池，一用即弃），温暖他人。为此，我校开设了"幸福人生课程"和"润系列课程"。

（1）用五年时间思考一个教学规律，形成了"2+1+1"教学模式。

（2）十一年时间管理一所学校，办出质量加特色的学校。

十一年没有迟到过，没有早退过；经常星期六、星期日、节假日都在学校，以校为家，但没有把学校当作自己的"家"。

（3）用虔诚追逐教育改革的梦想。

（4）七年时间创办新丰县少年乐团和客家汉乐团，为山区的学生打开一扇通往世界级艺术殿堂的大门。（聘请国家级音乐家为学校的艺术总监、每年有一个世界级音乐家驻团训练学生一个星期）我校曾带领新丰少年乐团和客家汉乐团到香港音乐会、饮水思源音乐会等舞台参加演出。

（5）创办"两文教育改革实验"学校，设计了"幸福人生课程"（学习心理课程）和"润系列课程"（一纲多本的文化拓展课程），培养具有善美文化的现代学子（积仁善之德，培身心之美）。

（6）课程文化才是校园文化中的核心文化和核心竞争力，学校的本职工作是教书育人，学生的本职任务是学习文化，教师的本能任务是教学相长，指的是自觉、实在、发自内心的驱动。

合作育人　同心同德：师生的社区志愿者服务

学校育人工作是一个系统工程，教育部颁布的《中小学德育工作指南》提出的育人途径有六条：课程育人、文化育人、活动育人、实践育人、管理育人和协同育人。其中的"协同育人"工作在具体的实践中，很多时候，我们也称为"三教结合"（学校教育、家庭教育、社会教育）工作。

做志愿者的学生合影留念

在三种教育工作上，社会教育是一个十分重要但是实践研究最少的课题。我们的做法是：学校主动作为，积极主动建设成为社区乃至城区的文化中心、活动中心，主动融入社区文化生活，主动参与社区文化建设工作，在和社区的共建中，培育成熟的、有点甜的社区文化生活，形成有影响力的社区文化特点，积极创造社区文化品牌。

在社区创建文明城市活动时，我们调动教职工、学生、家长的力量，全天候参与"巩卫创文"工作，街区巡逻值守，社区卫生全面整治，标语口号制作，都有我们学校积极的"红马褂志愿者"的身影。社区文明了，学校的周边环境就优美了，学生生活的教育环境也就优越了，德育工作就更好开展了。

在社区夜生活、休息日广场的文化活动中，少年乐团、客家汉乐团发挥了重要的主力军作用，用高雅的、有特色的民族音乐引领丰富了社区的文化生活。

学校也成了社区的文化传播中心，我校举办了"阅读悦美"活动、夏·雅活动、开放校园体育设施活动、百班千人读书活动、最美校园建设活动，使我们的校园成了社区最美、最雅、最亮的地方。

合作德育的力量提高了德育的实效性，特别是广大师生在社区志愿者创建活动中形成了城市主人翁的责任意识、社会公民意识，这种潜移默化的德育效果是我们孜孜不倦追求的"春风化雨，润物无声"的润文化德育效果。

团结互助　睦邻友好：社区伙伴成长小组管理

我们创造性地设计了社区伙伴成长管理小组的方法，形成了德育工作"5+2"闭环管理效果。针对学校留守儿童比较多的实际情况，打破了学生管理以行政班为主的常态，建立了社区伙伴管理小组，形成校内校外

"一盘棋"的德育管理系统。

学生共学习

　　根据国务院印发的《中国儿童发展纲要（2021—2030年）》的精神，落实儿童发展优化的目标，但是，对于数量庞大的留守儿童健康成长的支持缺少成熟的操作理论和操作方案，基本上都是以临时性、季节性的"关爱"和"慰问"为主，对于广大留守儿童"6+18"（每天在学校学习生活6小时左右，在社区学习生活18小时左右）、"5+2"（一周在学校生活5天，在社区生活2天）的健康成长问题关注比较多、方法比较少、实效性不强。从中国知网等相关专业网页搜索，对留守儿童的健康成长研究几乎都是从成年人或者社会组织的角度去研究和设计的，几乎没有一种实验是从儿童伙伴的角度来开展研究工作的，这样难免造成关爱途径和方法都缺乏针对性。事实上，这样的帮扶方式效果也不够显著，成果不够突出。

　　多年的学生德育实践证明，调动与发挥留守儿童自我健康成长的内驱力和外部环境的高效结合，"自古英雄出少年"，在社区成长项目中，让留守儿童担当作为，当家做主，体现个体自我实现的最高价值，促进留守儿童幸福健康成长。

在社区伙伴健康成长计划和社区伙伴管理小学的框架下，解决了留守儿童的教育问题，特别是社区教育、家庭教育严重缺位、缺失的问题，组成混龄伙伴成长小组，在合作完成项目式健康成长计划中获得成功体验，塑造、树立留守儿童健康成长必需的、正确的人生观、世界观、价值观。

这主要体现在如下几个方面。

一、留守儿童与健康

（1）在伙伴健康成长计划的影响下，增强了留守儿童早期接受发展的知识、方法、技能的能力。

（2）在伙伴健康成长计划的影响下，找到了留守儿童增强体质健康的途径和方法。

（3）在伙伴健康成长计划的影响下，找到了留守儿童增强心理健康水平的方法。

二、留守儿童与教育

（1）在伙伴健康成长计划的影响下，留守儿童科学素养全面提升，科学兴趣、创新意识、实践能力不断提高。

（2）留守儿童综合素质评价体系。

（3）社会、家庭、学校合作协同育人机制。

三、留守儿童与福利

（1）在伙伴健康成长计划的影响下，留守儿童基本公共服务达到了均等化水平。

（2）在伙伴健康成长计划的影响下，留守儿童营养改善情况和支持体系得到完善。

（3）在伙伴健康成长计划的影响下，城乡社区儿童之家的服务能力提高了。

四、留守儿童与家庭

（1）在伙伴健康成长计划的影响下，尊重儿童的主体地位，保障留守儿童平等参与自身和家庭事务权利的实施途径。

（2）在伙伴健康成长计划的影响下，定性培养留守儿童成为好家风的践行者和传承者。

（3）在伙伴健康成长计划的影响下，增强亲子关系互动，建立平等和谐的亲子关系。

五、留守儿童与环境

（1）在伙伴健康成长计划的影响下，留守儿童积极参与家庭、学校、社区公共事务的实践活动和受到家庭、学校、社区的权利保障。

（2）制订了社区留守儿童混龄小组的编制办法和管理方案。

（3）研究了社区留守儿童健康成长项目的设计。

（4）建立了社区留守儿童健康成长实施项目的测评方案。

（5）形成了社区伙伴健康成长计划实施指南。

自开展留守儿童社区伙伴健康成长计划管理小组以来，几千个留守儿童没有一个辍学，没有一个发生校内严重违纪情况。很多留守儿童成了学校的楷模和榜样，他们考取重点中学、获得省市级先进荣誉、成为道德楷模。

让琴声走进千家万户

党的教育方针明确我们的教育目标是培养德、智、体、美、劳全面发展的社会主义建设者和接班人，其中美育是党的教育方针的重要组成部分，是对青少年进行素质教育的重要内容，它不仅是人类认识世界、改造世界的手段，也是实现人类自身完善、人格塑造的重要途径。美育有着独特的功能和作用，是其他教育无法替代的，"提升人的精神境界"是培养人、提高人的素质的最根本问题，它使人的情感得到陶冶，思想得到净化，从而使身心和谐发展，精神境界得到升华。

为党培养社会主义事业的建设者和接班人就需要培养出合格的人才、优秀的人才、杰出的人才。在重智轻德的现实情况下，我们努力尝试通过艺术教育，特别是音乐教育的开展工作提高落后山区的基础教育的素质教育水平，希望能做出有益的探索和尝试。新丰县关心下一代工作委员会向我们提出了"让琴声走进千家万户"的目标指导，围绕这个核心思想，通过多年的实践，我们取得了一定的成绩，积累了一定的经验，取得了可喜的美育效果。

一、艺术教育必须从娃娃抓起

为了更好地落实新丰县关心下一代工作委员会的工作指示，我们在香港特别行政区、广州市、深圳市等地社会热心人士的关心与支持下，于2011年组建了新丰县少年乐团，在小学开展音乐特色教育，新丰县少年乐团自成立以来，每年为新丰县、韶关市培养300多名音乐特长生，第一批古筝班学员32人，艺术考级全部在六级以上，更有两名学生取得了八级的好成绩（国家艺术考级的最高级是十级）。其中近一半学生会演奏3种以上乐器，部分优秀学生会演奏5种以上乐器。其后相继成立客家汉乐团、教师巴乌乐团等社团，每年培养300多名师生免费学习民族乐器，为广大的小学生、中学生、大学生、社会音乐爱好者提供了参考，提供星期一至星期六的专业交流平台，营造良好的社区艺术氛围。

最重要的是，有好些学困生、顽皮生通过音乐的训练和学习成了老师喜欢的优秀生，家长爱护的宝贝生在音乐的熏陶中促进了思想的转化和提高，取得了比较显著的育人效果。

（一）新丰县少年乐团的学生全部从三年级中招收

根据广州一些兄弟学校积累的经验（它们一开始是普遍招收，后来在管理中产生了比较混乱的问题），我们经过与乐团创始人李才亮主任商议，决定在小学三年级中统一招收第一批学生，方便集中学习、集中管理、集中考核。事实证明，我们采用的招生方法是比较科学的，既兼顾了学生的年龄特征，又为今后的发展留有空间和余地。

（二）新丰县少年乐团的学生必须坚持学习满三年

通过比较严格的两到三次挑选出来的学生，要在家长、学生保证同意坚持学习三年的前提下才能进入乐团学习培训。

1. 学生自愿报名

学生必须是自愿报名参加的音乐爱好学生或是音乐特长生。

2. 家长签名同意

在许多报名的学生中，报名表必须要有家长的告知书和带有家长签名同意的回收条，这为日后规范化管理提供书面材料，也是严格管理的一种约束。

3. 老师初次挑选

音乐老师进行第一次海选，从学生学习条件和行为习惯中发现擅长音乐的好苗子。

4. 老师确定名单

为了确保选拔出好苗子，学校、普通班老师不能参加名单商议会议，不能不通过考试走后门进入，确保选拔过程的公平、公正。

（三）新丰县少年乐团的学生学习需要严格考勤

在少年乐团学习的学生，学习计划会发到每一个学生和家长手中，每一次学生的学习都会进行严格的考勤管理，只有全期考勤率达到90%以上的学生才有机会参加以后的演出安排。

乐团每个学期的联合彩排学生如有缺席情况，则不能参加后面的演出任务。

（四）新丰县少年乐团的学生培训严格，演出很轻松

由于新丰县少年乐团采用的是香港乐团管理的模式，所以规范性十分强，要求十分严格，但是在严格的训练过程中，确实有演出的快乐和开心。

我们追求的是过程的严格，结果的轻松，学生不用参加考试和评比，因为每一次的训练和学习就是另一种形式的“考试”，最后每一次的联合演出，大家是十分快乐、十分轻松地参演的，只有在放松的情况下才会快乐，演奏出色的学生就会获得林林总总的奖励，如“主席奖”“基金奖”“企业奖”，都是一些鼓励性质的表彰，学生快乐、老师高兴、家长开心。

学生也在学习过程中得到了实实在在的规矩教育、认真教育、诚信教育、尊重教育……

二、艺术教育应该从常态中落实

2014年1月14日，教育部以教体艺〔2014〕1号印发《关于推进学校艺术教育发展的若干意见》（以下简称《意见》）。根据《意见》，“2015年开始对中小学校和中等职业学校学生进行艺术素质测评。艺术素质测评纳入学生综合素质评价体系以及教育现代化和教育质量评估体系，并将测评结果记入学生成长档案，作为综合评价学生发展状况的内容之一，以及学生中考和高考录取的参考依据”。《意见》明确指出，“义务教育阶段

学校根据《义务教育课程设置实验方案》开设艺术课程，确保艺术课程课时总量不低于国家课程方案规定占总课时9%的下限，鼓励有条件的学校按总课时的11%开设艺术课程，初中阶段艺术课程课时不低于义务教育阶段艺术课程总课时的20%。普通高中按《普通高中课程方案（实验）》的规定，保证艺术类必修课程的6个学分。中等职业学校按照《中等职业学校公共艺术课程教学大纲》要求，将艺术课程纳入公共基础必修课，保证72学时。普通高校按照《全国普通高等学校公共艺术课程指导方案》要求，面向全体学生开设公共艺术课程，并纳入学分管理。有条件的学校要开设丰富的艺术选修课供学生选择性学习。鼓励各级各类学校开发具有民族、地域特色的地方艺术课程"。《意见》提出，"多渠道解决艺术师资短缺问题。要根据课程方案规定的课时数和学校班级数有计划、分步骤配齐专职艺术教师，重点补充农村、边远、贫困和民族地区镇（乡）中心小学以上学校的艺术教师。实行县（区）域内艺术教师交流制度，鼓励艺术教师采取'对口联系''下乡巡教'等形式到农村学校任教"。《意见》还要求，"2015年开始，教育部将编制并发布全国学校艺术教育发展年度报告"。

要贯彻好教育部的工作部署，我们认为就要做到下面三个转变。

（1）音乐教育要从副科变为主科。

（2）音乐学习要从课外变为课内。

（3）音乐素养要从零食变成主粮。

三、艺术教育很需要群策群力

新丰县少年乐团在音乐教育中之所以能取得长足的发展，与发动社会各方力量支持教育工作是分不开的，乐团从创办到发展再到基本成熟，每一步都离不开社会热心人士的关心、支持、帮助，甚至是资助。这朵艺术之花是社会力量同心同力浇灌长大的。

（1）新丰县少年乐团是在广州市南沙区政协原港澳联络委主任李才亮先生的帮助下，搭桥牵线成立，是四方合作的成果。

① 新丰县少年乐团由广州市南沙区热心企业家提供培训经费，学生所有学习、演出、交流费用都是免费的，是纯慈善性质的音乐学习。并且，资助方不参与日常教学、日常管理工作，不过问培训学习计划和学习内容，完全由新丰县教育局和乐团基地学校全权管理，全部包干。

② 新丰县少年乐团由中央政策组首席顾问萧炯柱主席提供国际交流的平台，与国际其他学校的学生同台交流学习。

③ 新丰县少年乐团由深圳市华夏民族管弦乐团副团长、乐团首席陈其先生任艺术总监，新丰县教育局颁发聘任证书，提供日常技术指导。

④ 新丰县少年乐团由新丰县提供生源、培训场地、日常管理和财务管理，由新丰县教育局负责行政领导，在新丰县民政局注册成立为法人单位，进行规范化管理。学生小学毕业，中学、大学、参加社会工作后都是乐团的团员，实行以老带新的管理办法，提高学员的社会责任感和培养学员的奉献精神。

（2）新丰县少年乐团由陈其先生每个季度到学校指导教学和考核学习情况，提供高端的音乐培训。

（3）新丰县少年乐团是由新丰县教育局局长和副局长、教育股股长、基地学校校长等参与创建的少年儿童艺术教育机构。

（4）新丰县少年乐团是典型的“三教结合”成果。乐团聘请了本地艺术人才开展支教工作：聘请了新丰当地的音乐人才曾永青老师教学汉乐、聘请了胡怡兴老师教学扬琴和笛子。

（5）新丰县少年乐团得到了乐团家长委员会的支持和配合。

四、艺术教育是思想教育的延伸

音乐教育具有社会性、终身性、实践性、集体性四种特性。因此，确立音乐教育在全面教育中应有的地位具有不可忽视的作用与价值。艺术能够对人们起到思想和道德教育的作用，主要是指人们通过艺术欣赏活动，受到真、善、美的熏陶和感染，思想上受到启迪，认识上得到提高，实践上找到榜样，从而引起人们思想、感情、理想、追求的变化，引导人们树立正确的人生观和世界观。它与青少年的品德培养、智能发展、身心健康等方面有着至关重要的联系。

（1）新丰县少年乐团的教育改变了许多家庭的教育思想和教育理念。

（2）新丰县少年乐团在新丰这个山区县真正做到了"让琴声走进千家万户"，让音乐声代替吵闹声，培养了人才，和谐了家庭，服务了社会。

（3）新丰县少年乐团的日常严格训练培养了学生良好的行为习惯。

刚入团学习的许多学生都有爱吃零食、不讲卫生的坏习惯，但是经过一两个月的严格训练后，学生都会有规有矩地参加学习，坏习惯自然而然就改掉了。

五、艺术教育必将会百花齐放

现在新丰县少年乐团走上了良性发展的轨道，音乐的教育和学习产生了比较好的社会效益。

（1）有近200名学生日常参加学习排练。

（2）有50多位老师主动参加乐器学习，提高素养。

（3）有近100位家长利用业余时间学习音乐和参加演出，和睦了家庭生活，提高了家庭生活的质量。

"美育浸润行动"新丰县实验小学客家汉乐团（新丰县少年乐团）建设实施方案

新丰县实验小学是一所以留守儿童为主要招生对象的公立学校，占地面积52000平方米，现有教学班64个，在校学生近3300人，教职工170多人。校园环境优美、布局科学、设施一流、管理规范、艺术特色明显。学校建有功能楼三栋（科学馆、图书馆、艺术馆），行政楼一栋，体育馆一座，学校还建有校园广场一个，音乐演出厅两个，校园还建有文化庭院、绿化休闲区等其他配套设施。学校以"艺术特色学校"为办学目标，设计和实验"两文教育"（上午文化课程、下午文体课程）改革发展研究课题。

学校"善美文化"办学理念获得了广东省2015年办学理念一等奖，学校是香港青年音乐训练基金基地学校、"中国好老师"公益行动计划基地校、广东省外语艺术职业学院教育科研基地学校、粤港澳大湾区音乐联盟学校、华南师范大学网络资源基地学校，近年学校还获评"韶关市学雷锋先进集体""韶关市未成年人思想道德建设先进教育实践基地""广东省依法治校示范校""韶关市绿色校园""广东省首批艺术特色学校"等荣誉称号。

一、乐团成立背景

（一）客家汉乐特色简介

客家汉乐的历史源远流长，相传它是从晋安帝至宋亡前后的漫长时期随着中原汉人多次南迁而流传到我国东南一带的，经过千百年的发展，形成了古朴典雅的独特风格，为当地人民所喜闻乐见。以往，客家人大部分居住在边远山区，生活条件较为艰苦，但他们有着刻苦耐劳的优良传统，民风淳朴，崇尚文化和艺术，因此蕴含着中国传统音乐文化精华的汉乐亦成了客家人喜爱的、家喻户晓的音乐形式。

客家汉乐的分类和演奏形式依照传统客家汉乐长时间沿革的演奏习惯与不同用处构成五个种别，即丝弦乐、清乐、汉乐大鼓、中军班音乐和庙堂音乐。我校选择以丝弦乐为教学内容，丝弦乐俗称和弦索，它是客家汉乐中最普及、最大众化的演奏形式。演奏时，以头弦（俗称"吊规子"）或提胡领奏，配以扬琴、琵琶、三弦、笛子、椰胡等乐器。丝弦类的曲目众多，现已整理出的汉乐曲目有430首。

（二）新丰县实验小学创办客家汉乐特色学校的原因和经过

1.新丰县实验小学创办客家汉乐团的原因

客家汉乐是广东三大民乐之一（其他两种分别是"粤剧""潮剧"），都是国家级非物质文化遗产。与此相连接的是，新丰县是以客家人为主体（占新丰县总人口的90%以上）的县域，为了继承和弘扬本地域传统文化，在学生身上植下文化的根，增强学生身份的认同感和对故乡文明的归属感，我们在深圳音乐家陈其先生的帮助下，选择以创办音乐特色为学校办学特色，以创办客家汉乐团为中心引领，以申报省级音乐教学重点课题为核心平台，集全县之智、举全校之力创办以传承"客家汉乐"学习为特色的艺术特色学校。

2.新丰县实验小学创办客家汉乐团的经过

2015年秋季，在新丰县教育局领导的指导下，经过与香港方面友好协商，学校筹建了"新丰县少年乐团"和"客家汉乐团"两个音乐社团，传承客家汉乐这一非物质文化遗产，并签订长期合作协议。其中新丰县少年乐团在新丰县民政局注册为有法人的社团，新丰县客家汉乐团由香港青年音乐训练基金提供国际交流平台，深圳市华夏乐团音乐家提供技术支持，广州市南沙区热心人士资助日常教学培训和对外交流经费，新丰县选拔培训学习的少年儿童学员参与学习培训，新丰县客家汉乐团是一个由香港、深圳、广州南沙区、韶关市新丰县四方合作的机构，乐团是慈善性质的社团，为新丰县少年儿童提供全免费音乐培训、教学、对外交流的平台。

3.新丰县客家汉乐团领导机构

新丰县客家汉乐团聘请了国家级音乐家陈其先生为艺术总监，学校校长朱能法为团长，佘纯安先生、郭振文先生、李才亮先生等为荣誉团长，新丰县教育局分管领导等为创始人的专业社团。

4.新丰县客家汉乐团规模

客家汉乐团配备有专职音乐教师5人，兼任音乐教师3人，现共有师生及新老学员350人在汉乐初级班学习，其中有38名精英学员在精英班学习。

另外，新丰县少年乐团共开设了古筝、巴乌（包括教师巴乌初级班、教师巴乌中级班、学生巴乌班）、琵琶、二胡、笛子、大阮、中阮、扬琴、客家大鼓、大锣、头弦、提胡等16种乐器项目学习小组，为我校客家汉乐团输送精英人才。项目组大部分学员都进行了项目考级，其中古筝一期学员全部达到了国家民乐考级六级以上，有两位学员达到了八级水平。曾经4次代表广东少年儿童参加香港国际音乐交流会，3人次获主席奖，10多人次获优秀奖。

学校共有64位老师报名参加乐器培训学习，其中有31位教师已经在客家汉乐团学习培训两年之久，为一年之后学校每个班级培养一名音乐老师做好准备；同时申报了广东省重点科研课题"音乐教育在留守儿童良好习惯培养中积极作用的研究"，有五个班为音乐特色课题研究实验班，开展音乐特色教学实验；学校正在推进班班有音乐，人人有（乐器）特长的试验工作。

（三）客家汉乐特色学校创建的管理工作

客家汉乐团宗旨：不畏苦，不怕难，努力求上进。

我校在创建音乐特色学校的过程中，始终把管理放在核心位置，把评价放在管理的全过程中建章立制、全程考核、量化指导、目标激励、努力进步。

1. 学生学员管理

结合音乐学习的特点，切合我校留守儿童多、学习习惯比较差的实际，我们要求：音乐学习，态度第一，坚持第一。

（1）在一个学习周期里（三年），学生参加乐器学习的考勤率一般要求达到80%以上为合格等次。

（2）考勤合格率达到90%以上的学生才是优秀评选的先决条件，才有资格参与优秀选拔和外出音乐交流活动。

（3）坚决制止耍小聪明现象和半途而废现象，学员从三年级一经个人和家长申请，被选拔进入乐团学习必须保证坚持三年，中途不允许退学。凡是考勤不达标的学员，不论是谁，没有任何另外的选拔机会。凡是集体彩排（星期六）缺席两次以上（含两次），不准上台参与演出（但是可以在后台做义工帮忙）。

2. 教师学员管理

（1）建立教师学习业务档案，教师参加音乐学习的课时作为主要的继续教育课时进行考核。

（2）评选优秀教师，优先从参加音乐学习的优秀音乐老师中评选，提倡老师每人学习一种以上乐器，其中巴乌为必备的基础学习乐器。

（3）教师每次参加学习都有学校领导进行学时登记。

（4）重视外派音乐教师参加骨干教师学习培训工作，不断提高教师教学水平。

3. 课程管理

（1）在国家课程体系中，我校对于艺术课程要求开齐课程、开足课时。

（2）在校本课程中，艺术课程是学校的重点建设课程。

（3）加强对音乐教材、教法的研究工作，因地制宜地制定考核方法。

（4）周末、寒暑假等时间，在自愿申报的基础上，欢迎家长送孩子到学校参加音乐交流、大学生下乡培训活动，所有的活动免费参加，但是需要确保准时参加学习活动。

（5）学校除了基本的教学课室外，另外设置了艺术馆，配备了八间音乐排练课室，音乐功能室是课室最多、器材最齐备的专业场室。

4. 制度管理

（1）音乐教师考评制度。

（2）少年乐团管理制度。

（3）学员考核和评价制度。

（4）优秀学员奖励制度。

（5）音乐器材使用和管理制度。

（6）音乐场室使用和管理制度。

5. 评价管理

学校配备一位副主任专职管理音乐教育工作，单独列入学校的重点工作考评体系。

（1）建立音乐常规课程管理制度，抓好常规教学工作。

（2）重视学生乐理的学习，形成音乐基本素养。

（3）重视演奏技能的评价，不断提高学习水平。

（4）重视学习态度的评价，培养艺术素养，立德树人。

（四）客家汉乐特色学校创建的初步成效

我们创办音乐特色学校不是简单的乐器培训项目，更不是自娱自乐的兴趣活动，而是期望"请音乐家培养留守儿童"，为学生健康成长提供最好的条件，通过音乐，依赖器乐，"积仁善之德，培身心之美"，培养学生学会做事、学会做人。

我校是留守儿童较多的新办学校，在校学生留守儿童占60%～70%，朱能法校长针对这一情况，创办音乐特色学校，义务免费培养留守儿童音乐人才，陶冶学生情操，取得了初步成效。

（1）乐团的宗旨是"不畏苦，不怕难，努力求上进"，乐团学生以严谨学习、态度培养为第一目标，通过音乐培养人，立德树人。

（2）乐团学生每年有一次以上到香港参加世界音乐交流会的机会。

（3）乐团学生每年有一至两个星期参加世界级音乐大师课培训学习的机会，有效提高学习水平。

（4）乐团聘请国家级音乐家为艺术总监，每个季度接受音乐家的学习指导。

（5）乐团学生每年在出境参加音乐交流会期间，同时参加游学活动，增长见识。

（6）客家汉乐团的主打乐曲有陈其先生作曲的《江源春韵》《丰江欢歌》《采茶舞曲》《山乡客韵》等，其中《江源春韵》采用我校大课间韵律操配乐的音乐，并在2016年秋韶关市第十六届中小学"英东杯"比赛中取得第一名的好成绩。

（7）多次赴港交流演出活动中，有3人次荣获活动最高奖励。

（五）创办客家汉乐特色学校的经验

我校创办客家汉乐特色学校经过多年的实践探索，掌握了一定的规律，同时结合学校学生实际情况，取得了一定的经验。

1. 严格遵照艺术学校创建的"三个坚持"基本原则

（1）坚持育人为本，面向全体。遵循美育特点和学生成长规律，以美育人、以文化人，在整体推进各级各类学校美育发展的基础上，重点解决基础教育阶段美育存在的突出问题，缩小城乡差距和校际差距，让每个学生都享有接受美育的机会。

（2）坚持因地制宜，分类指导。以问题为导向，充分考虑地区差异，重点关注农村、边远、贫困和民族地区美育教学条件的改善，加强分类指导，因地因校制宜，鼓励特色发展，坚持整体推进与典型引领相结合，形成"一校一品""一校多品"的局面。

（3）坚持改革创新，协同推进。加强美育综合改革，统筹学校美育发展，促进德、智、体、美有机融合。整合各类美育资源，促进学校与社会互动互联、齐抓共管、开放合作，形成全社会关心支持美育发展和学生全面成长的氛围。

2.尽力争取上级领导的支持和帮助，增强创建力度

在创建音乐特色学校过程中，新丰县各级领导高度重视，给予了人力、物力、财力的支持，学校也经县长办公会议确定为新丰县第一所特色实验学校，为了满足创建特色学校的需要，甚至连学校的名称都更改为了"新丰县实验小学"。

（1）县主管领导过问和引进专业师资力量。

（2）县教育局多位领导人为乐团创始人。

（3）学校领导担任乐团团长，参加音乐培训学习。

（4）和高校开展教育科研合作，提升实验水平和创建能力。

3.努力尝试开门办学，引进社会专业人士

（1）极力打造"艺术特色学校"，争取到了香港特别行政区、深圳市、广州市南沙区的支持，为留守儿童创办了艺术育人特色学校，聘请国家级音乐家培养留守儿童，为留守儿童创造最优的成长环境。

（2）学校聘请了曾永青老师（广州流溪香雪活动十年展示获奖者）、胡怡兴老师等加盟音乐教学工作，壮大师资队伍。

4.搭建平台，营造全校快乐学习音乐整体氛围

（1）课题推进，形成科研合力。

（2）全校教师人人学习一种乐器，以艺育人。

（3）提倡学生学会一种乐器，以艺感人。

（4）多层次的社团活动发展学生潜能，发挥"乐育"作用。

①班级集体艺术（音乐）特色集体展示，人人登台，艺术熏陶教育。

②每年暑假举办一场"江源之音"校园音乐会。第一次举办家庭、社区、学校共同组织和参与的"夏·雅音乐沙龙"活动，打造社区艺术氛

围，扩大学校美育的社区影响力，同时多次参加县里公益会演活动，获得了家长、上级领导和广大社会人士的高度赞扬。

③考核激励，乐团学员都需要参加社会艺术考级，每年度考勤结果优秀学生有一至两次机会到香港参加国际音乐交流活动，突出德育功能——端正态度、认真学习、学会合作。

④开展境外游学活动，开阔眼界，增长见识，厚植爱国情怀，培养国际视野。

（5）客家汉乐文化进校园深度文化课程建设工程，进行客家汉乐特色校园文化建设，营造校园特色音乐文化。从认识客家汉乐开始，到学校乐团精英曲目，杰出团员，模范代表，让身边的榜样引领广大学生奋发上进。

5.让琴声走进千家万户，争取家长的配合，营造校外学习的环境

学校在创建音乐特色学校过程中，自始至终把家长的支持和配合放在十分重要的地位，力争校内校外一起努力，校内学技能，校外练本领。利用好课室、家庭两个课堂，要求学生每天坚持练习一小时，持之以恒，养成爱好音乐的习惯。

学校发展，特色为先。新丰县实验小学紧紧围绕"承德纳新，尽善尽美"的办学理念，以发展音乐教育为特色，传承江源文明，传播客家汉乐文化，极力打造成艺术特色鲜明的现代学校。

二、客家汉乐团发展目标

（1）建立独具特色的客家汉乐团形象，为素质教育增添光彩，极大地提高学校的艺术层次和品牌影响力，使之获得高价值的品牌效应和社会效益，增强学校的吸引力与竞争力。

（2）利用课余时间为学生提供多元渠道的学习机会，增强学生表现音乐的能力，让学生发现自己的潜能与兴趣，在未来拥有更多的发

展机遇。

（3）实施学生适应性教育，充实教学内容，提升教育品质，通过音乐的学习塑造学生优良气质，培养学生积极进取的人生观，促进学生健全人格的发展。

三、客家汉乐团组织

根据小学生特点，乐团的学员一般在三年级选拔。

（1）身体条件达到学习民族乐器相关专业的要求。

（2）具有浓厚学习兴趣并经过家长同意；坚持面向大多数学生，有组织、有计划地进行；坚持以自愿与鼓励、普及与提高相结合为原则进行团员选拔。

四、客家汉乐团主要分工

陈　其：艺术总监，主要负责客家汉乐团的作曲和指导排练工作。

朱能法：团长，主要负责乐团的全面工作，即学生德育工作兼班主任工作。

文细平：乐团筹款工作。

潘松林：主管乐团教学工作。

曾永青：主要负责弹拨乐器（古筝、琵琶、大阮、中阮、小阮）、巴乌的教学训练。

胡怡兴：主要负责扬琴、笛子的教学训练。

潘智基：主要负责二胡的教学训练。

潘朝炜：主要负责打击乐的教学训练及客家汉乐团的指挥和训练。

俞雪娇：主要负责乐团师生考勤及后勤管理工作。

五、客家汉乐团训练计划与内容安排

（一）曾永青老师：弹拨乐负责人，乐团音乐工作室主持人

1. 弦拨班

（1）周一、周三下午活动课16：20—17：00。

（2）周六上午9：00—10：00。

2. 古筝班

（1）周二、周四下午活动课16：20—17：00。

（2）周六上午10：00—11：00。

3. 巴乌班

（1）周四下午活动课16：20—17：00。

（2）周六上午11：00—12：00。

① 上学年按计划在实验小学二、三年级扩招古筝、琵琶、巴乌新生，目前已初步入门。

② 主要学习曲目：《笑傲江湖》《绣荷包》《渔舟唱晚》《山丹丹花开红艳艳》《彝族舞曲》《春苗》《平湖秋月》《编织忙》《雪山春晓》。

③ 巴乌老学员做好汉乐团和大合奏的训练工作。

（二）胡怡兴老师：弹奏乐、吹奏乐负责人

1. 扬琴班（分提高班和基础班两个小组）

一组为基础好的学员（每周星期一和星期三下午活动课、星期六上午第一节课和下午第二节课）。

二组为初级学员（每周星期五下午活动课、星期六上午第二节课）。

主要训练曲目：《旱天雷》《拖拉机来了》《小星星》《一只哈巴狗》《找朋友》《粉刷匠》《草原上升起不落的太阳》《我爱北京天安门》。

2.笛子班（每周星期三下午活动课、星期六下午第一节课）

主要训练曲目：《音阶》《小星星》《一只哈巴狗》《找朋友》《粉刷匠》《洋娃娃和小熊跳舞》《草原上升起不落的太阳》。

（三）潘智基老师：拉弦、键盘乐负责人

二胡班：二胡班学生总人数为24人，目前学员练成曲目有《田园春色》《火绒草》《小小的船》《荷叶儿圆》《箫》《小燕子》《凤阳花鼓》（不包含练习曲），这学期主要进行d调和g调第二把位练习及乐理、视唱练耳强化。目前除练习日常练习曲外，还练习曲子《天空之城》。新学员进行基础练习。

（四）潘朝炜老师：打击乐负责人

客家汉乐团（每周星期三下午活动课）。

（1）继续训练好乐曲《采茶舞曲》《山乡客韵》，尤其把节奏训练好。

（2）抓好梯队的训练工作。

六、乐团实施难点

（一）运作资金瓶颈

难点：资金是学校面临的最大瓶颈，而乐器的保养与调试也是一笔不小的开支，在现有体制下学校无此经费，一般学校无力长期支付核心老师（外聘）的工资待遇以及承担乐器及保养费用。

（二）师资聘请难题

难点：乐团的核心在于指导老师的管理，对于老师的管理也是学校几乎没有办法逾越的门槛，新丰县是广东省重点扶贫开发县，十分缺少民乐教师，原来跟广东省星海音乐学院谈过合作，但受客观因素制约，合作没有成功。两位外聘指导老师非学校正式编制，用行政制度进行管理显然没有约束力，以提高收入的方式进行管理也是学校承担不起的。指导老师所重视的主体是个别课，往往好的学生跟老师上小课，进度慢的学生慢慢被淘汰，导致乐团训练无法进行，学校几乎对此没有办法监管，毕竟是"请"老师来学校教学的。

（三）教学进度管理标准不明确

难点：由于学校没有专门的器乐人才，很难对乐团教学进度进行评估，乐团声部众多，学校老师很难对各声部教学一一掌控，就出现了一人独大的情况，没有真实、客观地反映学校乐团进度。

（四）乐团日常管理要求不规范

难点：乐团长久发展与日常管理密不可分，乐团日常管理在于多沟通、多引导，出现问题应及时沟通并解决，由于学校负责老师有课时的压力和精力问题，不可能面面俱到，也就会出现问题没有在第一时间解决，从而造成乐团管理的不顺畅，影响乐团的训练质量及长久发展。

（五）乐曲编配及规划存在突出问题

难点：乐曲编配与学校乐团演出质量、表现形式密切相关，可以说乐曲编配质量高低直接会影响到乐团的成绩，学校乐团声部齐全或不齐、乐曲编配如何选择等问题长期困扰着学校，乐曲编配是制约乐团发展及提升的又一瓶颈。

（六）新老团员交替对接不上

难点：新老团员交替是学校面临的现实问题，因师资配备不齐、不够，教师只抓重点学员，导致梯队训练量不够、水平不高，最终造成新老团员交替出现较大的问题。

我们是一群基础教育音乐追梦人，创办客家汉乐团近10年，虽然困难重重，但是我们依然毅然努力前行，一直默默坚持筑梦之路，我们深知：没有迈步，永远等不来花开。在上级部门的关心和支持下，在全校师生及乐团老师的共同努力下，善美的种子已经播撒在学生的心中，我们将以点带面，以润物细无声的方式将善美的意识、善美的态度、善美的行为、善美的价值浸润到每个学生心中，让善美的种子在每个学生的心中开花结果。

模范做引领，榜样的力量

身教胜于言教。学校"三德育人"的示范力量来自广大的教职工和杰出的学生，学校校级领导、中层干部、级长、科组长、班主任、普通教师、后勤职工都积极参加学校工会组织的"教职工健康锻炼计划"，带头形成良好的体育运动氛围，营造积极向上的校风，打造精气神十足的活力校园、阳光校园。学校毽球队、足球队、羽毛球队坚持天天训练，经常比赛，校园一派朝气蓬勃，洋溢着奋发上进的精神。

"与其同情，不如赋能"。榜样的力量是无穷的，榜样教育是小学阶段主要的德育方法。我们建立榜样学生荣誉墙，用身边的榜样影响身边的人。我们学校的陈某文同学，三年级就可以独自生活，自己做饭，自己洗衣服，自己照顾自己。在五年级时，她就获得了韶关市田径运动会冠军，也是新丰县首次在该运动会上夺得冠军，她还是乐团的首席，少先队大队长，学习成绩一直名列前茅。

来自边远农村的转学生黄某琴同学，第一次参加韶关市中小学（幼儿园）"英东杯"游泳比赛就获得了冠军。

新丰县田径运动会设置18个项目，我校派出10名学生组成了代表队参与，获得了10个冠军！每当学校的运动健儿们载誉而归，我们都会举行全校颁奖典礼，向冠军致敬，向榜样学习。学校的荣誉墙展示的全部是学校杰出学生的先进事迹，榜样就在身边，你我就是榜样，今日当先锋，他日立新功，伟大中国梦，健儿当自强。

光荣的背后是汗水，更是精神和团队的力量。集体荣誉感、集体主义精神、团结的意志力全都能在竞技类体育运动中得到淋漓尽致的体现，我们十分重视体育特色学校的创建工作，不是为了奖牌而来，而是为了"立德树人"的伟大使命，我们那么多留守儿童，那么多弱势群体家庭的儿童，怎样才能实现教育高质量发展、均衡发展？"与其同情，不如赋能"，让学生更能干、更出彩、更有奋斗的精神。赋能就是最好的关爱，赋能也是一种很好的德育工作方法。

德育工作六法

一、知情意行并重，突出德育工作的多开端

（1）强化文化认同，统一思想，统一理念，统一行动。

（2）强化一年级新生入学教育：开设了新生教育十课。

（3）严格管理学生日常在校学习行为：管好嘴、管好腿、排好队。

（4）学校没有设置大量垃圾桶，不但要求垃圾不落地，而且要求学生尽量不要产生垃圾，每周评选环保先进班。

二、丰富校园生活，让学生得到充分的发展

学生参加校园学习、运动、兴趣等课外学习活动，总之，让学生没空闲时间，过得忙忙碌碌，紧张且有意义。

（1）学习项目类活动。

（2）乐器学习班活动。

（3）运动兴趣活动。

（4）种植生产活动。

（5）值日管理工作。

（6）卫生劳动助手。

（7）老师管理助手。

三、对于问题学生

多次家访，反复家访，领导带头家访。

四、树立先进典型

用好榜样教育学生；评选善美少年。

五、开展法制文化进校园宣传活动

重视学校法制知识学习，法官进校园上法制课，交警到学校上法制课，法制副校长进校园上法制课。

六、引导"三结合"工作，壮大德育力量

认真组织家委会、家长会、家长学校线上交流平台（网站、微信公众号、微信群），宣传学校尽善尽美的办学思想，同德同心做好学生的教育工作。

润文化人

第三章

时代创新：德育信息化2.0融合课程

《创客校本课程开发研究——山区县学校
基于Scratch与arduino的校本课程开发》
校本教材（一）

 新丰县实验小学

《创客校本课程开发研究——山区县学校
基于Scratch与arduino的校本课程开发》
校本教材（二）

趣味编程

第一节 "网络原住民"的德育创新

在小学信息技术课程中实施创客教育，以活动为导向，让学生动手操作，能够真正体现信息技术学科的实践特点。创客教育在培养小学生的创造性、动手能力及综合运用能力等方面能起到促进作用。在小学阶段，学生具有好奇心强、想象力丰富的特点，而这些都是创造性个性品质的典型表现。因此，在小学开展创客教育具有必要性。我校处在韶关市新丰县，这是一个山区县，农村人口多，大部分年轻劳动力都外出务工，留守儿童多。虽然我国小学开展创客教育校本课程开发的设计与实施的实例很多，但针对山区县开展的教材开发与研究却比较少。通过创客校本课程的开发和应用，学生能够利用信息手段主动学习、自主学习，增强运用信息技术分析解决问题的能力；把学生培养成具有锐意求知、创新向上、把创意变成现实的人；使学生具有追求新知、百折不挠、崇尚创新的精神，这种精神就是精益求精的工匠精神。

第一，本课题是对小学信息技术教育教学的探索与研究，是对信息技术教学的延伸和充实，是对学习信息技术学有余力的学生教育的一种探索。

第二，Scratch创客编程具有简易性、趣味性、互动性、容易实现等特点，深受学生的喜爱。Scratch创客编程以图形化、代码块的形式进行编程，利于学生记忆和理解。结合arduino开源硬件的使用，让学生更直观地感受创客的乐趣。

第三，创客校本课程的开发能拓展学生的知识面，提高学生动手操作能力和思维能力，让学生发挥自己的创造力，激发学生对创造的兴趣，体验创造成功、改变生活的喜悦。

第四，针对本校的硬件设施设备和生源的特殊性，开发适合本校实际情况的创客校本课程是有必要的，更能针对学生的接受能力而进行创客教学。

2016年教育部《教育信息化"十三五"规划》中明确指出："有条件的地区要积极探索信息技术在'众创空间'、跨学科学习（STEAM教育）、创客教育等新的教育模式中的应用。"创客教育是创客文化与教育的结合，基于学生兴趣，以项目学习的方式使用数字化工具倡导造物，鼓励分享，培养跨学科解决问题能力、团队协作能力和创新能力的一种素质教育。有的学校则积极开展创客空间、创客实验室，用实际行动表明提高学生的创意思维和动手实践能力。创客教育主张"想得出来，就做得出来"的精神，其影响绝不仅仅是重视科学教育。

近几年，各中小学掀起了学生的创客教育。各种创客软件、硬件层出不穷，许多学校在课程安排上也做出了改变。学校将3D打印、虚拟机器人、arduino、Scratch等引入课堂，纷纷建立创客空间，让学生发挥自己的创造力，激发创造的兴趣，体验创造成功、改变生活的喜悦。在当前课程改革的浪潮中充分利用好创客教育这一平台，基于这一背景下的校本课程开发有章可循，开发适合本校实际的创客校本课程，我们势在必行。

（1）秉承"承德纳新，尽善尽美"的教育理念，进一步优化小学信息技术课程的整体结构，促进学生的高品质学习，对学生进行符合学科特色的培养——动手能力、创新意识、合作分享。

（2）进一步提高小学信息技术学科教师的课程意识，以及对校本课程的开发能力，促进小学信息技术教师的专业化发展。

（3）积极探索小学信息技术学科教学过程中校本课程开发所应具备的

规律和模式，形成系统的、适合本土学校实际的小学创客教育校本课程体系。

第二节 信息化文明教育创新

新丰县实验小学2020年广东省信息化中心校建设工作，在市教育局、县教育局的指导下，按照标准建设要求，省教育厅配套资金100万元，其中70万元安排进行软件建设、师资培训、课题实验和学生线上教育支持等方面。信息化中心校的建设加快推进教育信息化建设，实施教育信息化2.0行动计划。抓好软硬件建设，着重推进信息、技术与教育教学的深度融合，定期上好展示课。

依据《广东省中小学智慧校园建设指南》，加大智慧校园建设力度，逐步形成一个功能比较完善、富有本校特色的五星级信息化网络系统。

一、五星级信息化网络系统

（一）智慧管理，提升校园环境智能化水平

应用云计算、大数据、物联网、移动互联网、社交网络、人工智能等新一代信息技术，建成能够感知环境、识别情境、记录行为、连接社群的教育教学环境，实现物理环境与虚拟环境的融合，提升从基础设施、教育资源服务、师生交互到教育教学活动的智能化水平。

（二）智慧教育，实现信息技术与教育教学的融合创新

依据我校"二次教学课程改革"和"体艺特色学校"创建工作的迫切需要，信息技术得到普遍而深入的应用，信息技术与教育教学核心业务深度融合，实现教与学方式和教育模式的变革与创新，实现标准化、精细化、智能化的教育管理和科学决策，学校的教育教学模式、管理决策模式、生活服务方式都在智慧型应用的支撑下发生了重大变革与创新，学校整体上实现智慧运行，智慧教育的功效得到充分发挥。

（三）智慧园区，形成协同开放的现代化校园生态

现实校园和教育教学的时空维度得到拓展，教育扩展到家庭、社群和自然社会环境，注重学生的全面和谐发展和终身持续发展，正规教育和非正规教育、校内教育和校外教育融通，注重教育的自主性、个体性和适配性，教师和社会共同为学生提供适合学生的教育资源，形成现代学校制度和组织形态。

（四）智慧发展，建设网络化的教师专业化发展路径

共学、共享、共用、共长，教师在网络化的空间里，人际、知识、方法的关系更密切，提高了教育教学的水平和能力，发展了专业素养。

（五）智慧思想，使用现代技术改善学习、改变方式的科学思想

智慧思想促进学校师生形成网络社交和网络空间思维、思考、方法等理念的更新与实践，形成高度重视使用现代技术改善学习、改变方式的科学思想。

新丰县实验小学智慧校园参考标准

一级指标	二级指标	指标描述	发展水平		
			三星级	四星级	五星级
一、智慧学习环境	移动物联校园网	1.接入区域教育城域网，有独立或共享的计算能力和存储空间，学校网络出口配置固定教育网IP地址，接入带宽不低于1G，每班接入带宽均不低于50M。 2.无线网络支持移动学习、移动教学、移动办公等应用。 3.利用智能手机、可穿戴设备、传感器等建设物联校园网	1.全面实现。 2.局部开展。 3.零星开展或未开展	1.全面实现。 2.大面积开展。 3.局部开展	1、2.全面实现。 3.大面积开展
	智慧教室	1.依托区域教育云和教学资源平台、智能学科辅助工具、在线学习社区及第三方服务，实现课堂教学云端一体化的目标。 2.多媒体设备和即时反馈系统的教室配备率达100%。 3.为教师配备移动教学智能终端，教师人数与教师使用移动教学终端比例不低于1：1。	1、2、3、4.全面实现。 5、6.零星开展或未开展	1、2、3、4.全面实现。 5.规模化开展。 6.局部开展	1、2、3、4.全面实现。 5.实现自带设备（BYOD）模式，大面积开展。 6.规模化开展

续　表

一级指标	二级指标	指标描述	发展水平		
			三星级	四星级	五星级
一、智慧学习环境	智慧教室	4.提供学情分析及教学改进服务，解决学情数据采集、智能批改、学情动态诊断与个性化补救等问题，形成课前、课中、课后一体化教学及评价体系。 5.为学生配备平板电脑或智能传感器等智能学习终端。 6.配备录播系统等教学行为记录与分析系统，实现教学行为实时记录和远程互动			
	创新实验室／泛在学习中心	1.对学科教室、实验室和图书馆等各类教学功能场室进行升级改造，配备可交互智能设备设施，实现无线覆盖。 2.建成面向智能制造、生命科学、宇宙探索、智慧阅读、艺术创作等创新实验室。 3.建成面向跨学科学习的泛在学习中心	1.全面实现。 2.自然和人文学科各一间。 3.未开展	1.全面实现。 2.科学、艺术、数学、人文等各一间。 3.泛在学习中心一个	1.全面实现。 2.规模化开展。 3.校内一个以上，校外合作学习中心一个以上

续 表

一级指标	二级指标	指标描述	发展水平		
			三星级	四星级	五星级
一、智慧学习环境	智能安防校园	1.支持区域统一的认证方式进行上网认证。 2.配备安全网关、上网行为管理系统、上网行为审计系统等，对师生的网站访问情况进行控制与审计。 3.安防系统实现对校园的统一管理和控制，包括视频监控、入侵报警、紧急呼叫求助报警、电子巡更、电子监考、学生出入控制、访客管理等功能。 4.部署各类安防系统，包括消防报警系统、紧急广播与疏散系统、视频智能识别系统、应急（紧急）定位求助系统和其他特殊类型安防子系统等	1、2.全面实现。 3、4.未开展	1、2.全面实现。 3、4.局部开展或零星开展	1、2、3、4.全面实现
二、知识共享服务体系	网络学习空间	1.通过"粤教翔云"和区域教育云实现"网络学习空间人人通"，教师、学生的开通率达100%，并鼓励家长开通网络学习空间。	1、2.全面实现。 3、4.局部实现	1、2.全面实现。 3、4.大面积实现	1、2、3、4.全面实现

续 表

一级指标	二级指标	指标描述	发展水平		
			三星级	四星级	五星级
二、知识共享服务体系	网络学习空间	2.各类信息化平台和资源融入教师、学生、家长个人空间。 3.教师个人空间融入数字化教学平台，教师可使用对应资源开展教学活动，利用行为分析系统实施精准教学，运用远程教学系统开展远程互动教学，通过视频直播、远程互动等形式为学生答疑解惑。 4.学生个人空间融入学生远程智慧化学习平台，支持对学生日常学习情况的大数据采集与分析，提供课程选修、在线学习、学习分析、资源推送、协作交流、成果展示等功能，为个性化学习、探究式学习提供支撑			
	数字教育资源服务	1.学校通过省、市教育资源云或公共服务平台获得基础性数字教育资源服务。	1.全面实现。	1.全面实现。	1、2、3.全面实现。

续 表

一级指标	二级指标	指标描述	发展水平		
			三星级	四星级	五星级
二、知识共享服务体系	数字教育资源服务	2.内容涵盖学校全学科、全学段，实现所有学科都能为学生提供相应的课程资源，满足信息化教学常态化的需要。 3.支持学校自动汇聚校本数字知识资产，引进或自建在线课程、生成性数字教育资源，形成校本知识库。 4.建有校本特色课程，并通过共享或购买形成特色课程库，满足学生多样化发展的需要	2、3.局部开展。 4.零星开展或未开展	2、3.规模化开展。 4.局部开展	4.不少于十门课程
	协作学习社群	1.基于实体学校、班级、教研组，建有在线学习社群、教研社群、家校互动社群。 2.基于项目、任务和师生兴趣等，打破实体组织和物理空间局限，引入外部专家资源，组建跨越实体组织的在线学习社群、教研社群、项目社群等。 3.社群目标明确、特色鲜明、管理规范、有序运行	1.全面实现。 2.局部开展。 3.制度化	1.全面实现。 2.规模化开展，形成两个以上特色社群。 3.形成自觉行为	1.全面实现。 2.大面积开展，形成五个以上特色社群。 3.形成社群文化

一级指标	二级指标	指标描述	发展水平		
			三星级	四星级	五星级
三、智慧应用	智慧教学	1.基于用户特征的推荐式学习交流系统，对课程设置、实施、评价进行数字化管理和数据收集，运用教与学过程大数据，实现教情、学情及时精准反馈的目的，为学生提供个性化的学习路径和资源服务，实现个性化学习和因材施教。 2.基于网络学习空间，开展智慧教学，将课堂延展为课前、课中、课后和线上、线下一体化设计的混合式学习，探索翻转课堂、探究式学习、问题解决式学习、可视化学习和知识建构式学习等学习方法，构建自主、合作、探究的教学方式。 3.基于创新实验室或泛在学习中心，开展项目学习、跨学科学习、STEAM/STEM学习、基于设计的学习等创造性学习方式。	1.全面实现。 2、3.局部实现。 4.零星开展或未开展	1.全面实现。 2、3.规模化开展。 4.局部开展	1、2.全面实现。 3.大面积开展。 4.规模化开展

一级指标	二级指标	指标描述	发展水平		
			三星级	四星级	五星级
三、智慧应用	智慧教学	4.基于支持O2O模式的在线学习系统和智能学习终端开展泛在学习、体验式学习、远程协作学习等开放式学习方式			
	智慧教研	1.基于用户特征的推荐式学习交流系统，运用教与学过程大数据的行为记录、分析和诊断，开展反思性教研。 2.开展教师专业能力诊断、分析，为教师提供差异化、按需的专业培训和指引，开展主题化、系列化、课题化、项目化的发展性和精准性教研。 3.基于知识管理的教研协作系统和协作教研社群，促进教师群体成长	1.全面实现。 2、3.局部开展，形成一个特色教学社群	1.全面实现。 2、3.规模化开展，形成两个以上特色教研社群	1、2、3.全面实现，形成四个以上特色教研社群
	教育治理	1.利用区域教育管理公共服务平台或基于智慧校园平台的管理模块系统，建立实名制，以管理网络空间，实现教育管理业务流程数字化。	1.全面实现。	1.全面实现。	1、2.全面实现。

续 表

一级指标	二级指标	指标描述	发展水平		
			三星级	四星级	五星级
三、智慧应用	教育治理	2.各网络空间和应用系统互联互通，与省、市、区平台实现数据共享及互联互通服务，提供统一的电子身份，支持多平台、多终端统一的用户认证方式。 3.建有或使用大数据分析系统，实时动态分析学校、教师、学生发展状态和水平，实现科学决策	2.管理服务平台实现互联互通。 3.零星开展或未开展	2.管理和资源、教学平台实现互联互通。 3.局部开展，决策应用3个以上	3.规模化开展，大数据决策应用5个以上
	智慧评价	1.开展过程性、多元化的评价采用"共性+个性"的教学模式，对学生成长和教师发展进行评价内容、方式的订制服务。 2.利用交互技术、传感器、移动终端等实现教与学过程行为的"伴随式"数据收集。 3.基于数据提供可视化的评价信息服务，实现多维度的学业成绩分析，以清晰、直观的图表显示统计结果。	1、2、3.规模化开展。 4.零星开展或未开展	1、2、3.大面积开展。 4.局部开展	1、2、3.全面实现。 4.大面积开展

续 表

一级指标	二级指标	指标描述	发展水平		
			三星级	四星级	五星级
三、智慧应用	智慧评价	4.支持对学生的综合素质评价，建立学生综合素质管理体系，建立相应的评价量规和监测体系			
	智慧服务	1.通过专用App和微信关注两种模式：实现智能手机免费接收信息，实现家校互通。2.利用新媒体，发布学校开展的科学、文化、艺术、课外、社会实践等活动。3.开设家长学校，利用家校协同社群，拓展教育渠道，实现社会共育、家校共治	1.全面实现。2.规模化开展。3.局部开展	1、2.全面实现。3.大面积开展	1、2、3.全面实现
四、智慧人才培养	学生发展	1.安全、合法、自律和负责任地应用信息技术，自觉遵守信息道德和信息伦理，不沉迷网络游戏与网络社交。2.信息技术应用熟练。3.在教师指导下利用网络学习空间协作学习、探究学习等。	1、2、3.全面实现。4、5、6.局部开展或零星开展	1、2、3、4.全面实现。5、6.大面积开展	1、2、3、4、5、6.全面实现

续 表

一级指标	二级指标	指标描述	发展水平		
			三星级	四星级	五星级
四、智慧人才培养	学生发展	4.应用信息技术，基于大数据分析与全过程动态评价，构建个人知识能力图谱，进行自我管理、自我评价。 5.主动应用互联网和智能工具自主学习、个性化学习、解决实际问题。 6.利用智能工具、协作社群和创新实验室等进行创造性学习			
	教师发展	1.安全、合法、自律和负责任地应用信息技术，自觉遵守信息道德和信息伦理，不沉迷网络游戏与网络社交。 2.信息技术应用熟练，教师熟练利用信息化备课支撑平台和资源平台进行电子备课与协同备课。 3.应及时反馈系统或教学行为数据，注重教与学过程性数据的采集、汇聚、整理、分析，进行学生个性化和群体发展的诊断、分析以及精准推送相匹配的拓展资源，实施精准化、个性化教学。	1、2、3、4.全面实现。 5、6.局部开展	1、2、3、4.全面实现。 5、6.规模化开展	1、2、3、4.全面实现。 5、6.大面积开展

续 表

一级指标	二级指标	指标描述	发展水平		
			三星级	四星级	五星级
四、智慧人才培养	教师发展	4.利用互动教研服务、教师培训服务和协作社群服务，记录和反思自己的专业发展过程，与专家和同行互动，促进自身专业成长。 5.应用智能移动终端和网络学习空间构建自主、合作、探究等新型教与学的方式，构建智慧课堂。 6.基于创新实验室或泛在学习中心，设计、实施和运用多元化评价开展跨学科学习、项目式学习、创客教育等			
五、特色创新	特色项目	1.组织或承担教育信息化融合创新改革项目或科研课题。 2.参与高校、政府、信息化企业合作的前沿教育信息化实验项目。 3.在智慧教学、智慧教研、智慧管理、学校网络文化建设、智慧学习环境建设等方面开展研究和实践创新，形成改革创新的成果。	1、2.承担市级以上项目1项，参与者包括各学科教学骨干。	1、2.承担市级以上项目或课题2项以上，大面积参与。	1、2.承担项目或课题2项以上，全面开展信息化教学创新校本研究。

一级指标	二级指标	指标描述	发展水平		
			三星级	四星级	五星级
五、特色创新	特色项目	4.培育形成教学应用创新团队	3.局部开展，成果在县（区、市）级以上获奖并有知名度。 4.有一个教学创新团队	3.大面积开展，成果在市级以上获奖并有知名度。 4.有两个以上教学创新团队	3.全面实现，成果在省级以上获奖并有知名度。 4.有四个以上教学创新团队
	创新推广	1.创新成果在校内广泛应用。 2.创新成果得到市级以上行政和相关部门的认可并推广，在校外有示范辐射。 3.校本特色生成性资源、特色在线课程及独立开发的特色应用系统或工具在县（市、区）以上共享。 4.承担县（市、区）范围内培训和教学改革示范	1.全面实现。 2.承担市级以上成果推广活动三次以上，成果推广学校3所以上。	1.全面实现。 2.承担市级以上成果推广活动五次以上，成果推广学校5所以上。	1.全面实现。 2.省内成果推广学校10所以上。 3.生成性资源和特色在线课程五门/套以上。

续 表

一级指标	二级指标	指标描述	发展水平		
			三星级	四星级	五星级
五、特色创新	创新推广		3.生成性资源和特色在线课程各一门/套。4.每学期每学科承担教学示范活动三次以上，结对帮扶学校3所以上	3.生成性资源和特色在线课程三门/套以上。4.每学期每学科承担教学示范活动五次以上，结对帮扶学校5所以上	4.成为县（市、区）培训基地，结对帮扶学校5所以上
六、可持续发展机制	领导与决策机制	1.学校将智慧校园建设作为发展的重要战略目标并对此进行了整体规划。2.成立以一把手领导为组长的智慧校园建设领导小组和管理团队。	1、2、3、4.全面实现	1、2、3、4.全面实现	1、2、3、4.全面实现

续 表

一级指标	二级指标	指标描述	发展水平		
			三星级	四星级	五星级
六、可持续发展机制	领导与决策机制	3.由校级领导担任CIO，负责智慧校园建设的职能部门管理、部门协调，对智慧校园进行顶层设计和统筹规划。 4.明确智慧校园建设的职能部门、协调部门，对智慧校园进行顶层设计和统筹规划			
	专业服务机制	1.学校设立智慧校园协同创新中心；协同创新中心引入教育心理、学科教学、教育技术、信息技术等方面的专家。 2.协同创新中心融合本校创新应用教师团队，为智慧校园的建设、应用和评估提供专业化、常态化的指导与服务	1、2.全面实现	1、2.全面实现	1、2.全面实现
	创新激励机制	1.建立应用激励机制，通过专业培训、项目平台、评优评先、奖教奖学等多种方式激励教师参与智慧校园的建设和应用创新。 2.建立创新推广和示范辐射的保障机制	1、2.全面实现	1、2.全面实现	1、2.全面实现

续 表

一级指标	二级指标	指标描述	发展水平		
			三星级	四星级	五星级
六、可持续发展机制	投入与安全保障	1.保障智慧校园建设、应用、运维的经费。 2.形成制度化、可持续的经费投入机制，鼓励学校、师生、家长和社会团体、相关企业等多元主体参与学校教育信息化建设。 3.规范自带设备（BYOD）、社会资金、智慧校园专项资金、第三方资源与服务的准入、管理和使用。 4.根据健全智慧校园网络和信息数据安全管理规定，做到责任到人、制度到位	1、2、3、4.全面实现	1、2、3、4.全面实现	1、2、3、4.全面实现

二、建设原则和步骤

（一）建设原则

1. 以人为本，因校制宜

我校智慧校园建设根据校情来确定技术选择，在规范性的基础上，体现学校的实用性。

2. 学科结合，深度融合

智慧校园建设关键在于推动信息技术与教育教学核心业务的深度融合，要遵循教育规律，以深入实施素质教育和培养学生核心素养为目的，充分发挥智慧校园对高素质人才培养和教育领域综合改革的支撑与引领作用，实现教育服务供给方式、教学和管理模式的变革，提高师生的获得感和教育教学质量。

3. 软硬兼重，偏重资源

我们是山区学校，设备的使用效率大部分依赖于资源的开发和使用，没有软件资源，再好的设备也发挥不出效用。所以，我们需要特别偏重软件资源的开发和使用。同时，更要注重技术人才的培训和管理，提高软件资源使用效率。

4. 创新驱动，发展技术

要广泛学习吸收信息技术发展的最新成果，用新的技术、新的思维方式加快教育发展方式的转型、创新，重新设计和推进学校的系统变革与内涵发展，形成新模式、新流程、新结构。

5. 全校规划，整体设计

智慧校园是一个系统性工程，不单是技术性的工作，更是思想性的工作、科研性的工作。需要调动全校的力量，全新的思想认识，高度重视，全心全力才能做好创建工作。

6. 开放共享，特色发展

结合学校"二次教学课程改革"和"体艺特色学校"的创建工作，坚持共性与个性相结合，与全省教育信息化中心学校建设、当地善美城市建设"一盘棋"，依托省"粤教翔云"和区域教育云，实现通用流程与资源服务的高度共享。

（二）建设步骤

为了稳步推进信息化中心学校项目校建设，按照前瞻性、实用性、可扩展性、规范性和我校实际情况，依据《广东省中小学智慧校园建设指南》，对信息化中心学校项目校逐年进行分级建设。

工程第一阶段：2018年1月至8月，实施探索阶段。结合我校实际情况，目标达到或接近广东省中小学智慧校园三星级发展水平。

工程第二阶段：2018年9月开学至2019年7月，巩固提升阶段。目标达到或接近广东省中小学智慧校园四星级发展水平。

工程第三阶段：2019年8月至2020年7月，完善升级阶段。根据我校具体情况，进一步升级，目标达到或接近广东省中小学智慧校园五星级发展水平。

（三）示范辐射计划

新丰县实验小学与新丰县第二小学、黄礤中心小学、马头镇中心小学是共同体学校，在信息化中心学校的建设中，加强教育资源库和共同体学校教育资源共享平台的建设，积极开发具有"二次教学深度融合"和"体艺特色深度融合"特色的优质教学资源。

三、建设保障条件

（一）组织领导

信息化中心学校项目校工作领导小组。

组长：朱能法（校长）。

副组长：余小华、曾秀东（副校长）。

成员：李政、潘理华、吴湘紫（信息技术专业教师）。

（二）经费投入

信息化中心学校项目校建设的经费以政府的财政投入为主，学校年度预算、决算时，安排专项经费用于信息化中心学校项目校维护和发展。

（三）建章立制

制定相关制度，明确管理人员的职责、权限；定期做好设备的清查核对和保养维修工作，科学、合理、规范地使用信息化教学设备；保障多媒体教室、各功能室、安保系统、校园广播等系统的使用率；不断完善管理制度和评价体系，有具体应用的评估、考核和奖励机制，以保证规划目标的实现。

第三节 信息化育人渠道创新

为了深入贯彻落实党的十八届四中全会精神，深入推荐学生的法治教育，充分发挥以互联网为代表的新媒体作用，培养学生的法律意识观念，改善学生成长的社会环境，促进学生茁壮成长，我校开展了以"关爱明天，网络普法先行"为主题的少年儿童网络普法教育活动，使学生深受教育，取得了比较明显的教育效果。

一、学校领导参加培训，提高网络普法的认识

（一）计划工作，思想先行

学校注重"关爱明天，网络普法先行"少年儿童网络普法教育工作和依法治校领导核心的建设。

学校完善了"六五"网络普法和依法治校领导组，由校长朱能法任组长，成员包括法制副校长、德育副校长，学校党、政、工会、团、队各部门负责人和年级组组长，组成领导小组，形成领导网络，加大管理力度。

（二）网络普法，领导先行

学校领导率先参加网络普法学习，在领导组统一组织下，各部门分工负责，形成齐抓共管的运作机制，加大了示范力度，有力地推动了工作的开展。

（三）营造氛围，宣传先行

学校注重网络普法宣传教育，利用板报、广播站、学习园地、宣传栏等教育宣传阵地，按步骤、有条理地把"关爱明天，网络普法先行"少年儿童网络普法教育工作落到实处。

二、周密安排分层培训工作，提高普法操作效率

（一）在学校领导参与的基础上，学校分层分级进行了操作培训，提高网络普法的效率

（1）挂级领导的学习培训。我们学校组织了一到六年级挂级领导的学习动员会，采用行政指挥、"分级包干"的方式进行学习，从而提高工作的积极性和主动性。

（2）各年级组组长的培训学习。普法学习和网络比赛的情况及结果采用与年级组考核相结合的方式，把普法与学校大德育工作结合起来，提高了年级组组长工作的积极性。

（3）各班主任的培训学习。班主任培训好了，普法工作就能落实到每一个学生。

（4）学校信息技术老师的培训学习。

（二）参加学习培训的工作列入了教师的业务学习中，把技术学习和普法学习紧密结合起来

（1）培训考勤是一个重要环节。

（2）将学生操作的熟练程度作为培训工作的客观效果进行评价。

三、重视普法的"三进"工作，树立师生法治观念

我们学校不是为了普法而普法，而是让普法工作进教材、进课堂、进头脑，使学习到的法律知识成为学生的保护神，使学生形成懂法律、守规矩的意识，在社会上成为良好的小公民。

（一）用法治的思想指挥好法治的学校

立足课堂，让法制教育进头脑。学校充分发挥课堂教学在学生思想政治教育中的主导作用，让法制宣传教育进课堂、进教材、进头脑，通过各学科的教育内容，将法制教育有机地融入日常教学中，让学生的法制观念和意识逐步提高，从而形成良好的行为习惯和成熟健康的心理。利用班会课、升旗仪式等时间，对学生进行法制教育，效果较好。

（二）用懂法的教师教育出懂法的学生

利用集体备课、业务学习、教职工大会、校会等场合围绕学习《中华人民共和国义务教育法》《中华人民共和国教师法》《中华人民共和国未成年人保护法》等法律方面的知识，集中学习讨论，教师的普法知识水平有了较大的提升。各项法律法规的深入宣传让广大师生逐渐知法、懂法、守法，学会运用法律武器保护自己。

（三）用法治的环境管理好优良的校风

学校把法制教育列为师生必修课，融入教书育人的各个环节里，落实在施教全进程中，通过依法施教，营造出一个学法、知法、守法、护法的优良环境。学校在显眼的位置布置法治宣传栏，提高普法影响力。经过综合的普法工作，学校没有出现教师违纪违法现象，没有殴打、体罚学生的侵权事件，师德师风良好，树立了优良的师德形象。

（1）学习法律知识，反对校园欺凌事件。学校在2016年6月召开了全校学习法律知识，反对校园欺凌事件的教育大会，教育学生用好法律知识，在成长过程中保持身体和心理的健康。

（2）学习法律知识，营造良好校风学风。

（3）学习法律知识，建立和谐人际关系。

通过开展"关爱明天，网络普法先行"少年儿童网络普法教育活动，我校法制教育取得了良好的效果，实现了法制教育工作新的突破，一个学法、知法、懂法、守法的良好学习氛围已经形成。2016年，学校积极参加教育部主办的法治知识大赛，共有538名学生、4位老师参加，荣获全国法治网络大赛小学高年级组优秀组织奖。法治学校示范校创建工作在依法治县的指导下，正有序开展，此项创建工作的开展使我校的网络普法工作更上一层楼。

第四节　信息化德育网络创新

德育工作需要紧密结合社会经济文化的发展，特别是要围绕新时代少年儿童的特点开展工作。信息化条件下，我们需要更加积极地学习网络管理知识，只有提高网络管理能力，才能走进学生的精神生活世界。

信息化德育网络需要专业人员进行管理，我们通过和中国电信集团公司合作，建立了网络安全专业保障机制，使学生在教育工作严格的组织下绿色上网、文明上网、健康上网。

我们也和社区所在地的派出所合作，及时反馈学生在社会生活中的网络情况，共同做好"5+2"教育工作。

我们还主动请教公安局网监部门对学生舆情、情绪管理进行了了解，特别是学生的心理健康问题，我们在巡视网络社区时可以迅速发现问题，快速处理问题。

我们与学生身边的同龄人合作，主动座谈，邀请交流，进行家访，特别是特殊儿童、留守儿童、单亲儿童，更需要身边人的关爱和支持，学生喜欢利用网络沟通，我们就用网络途径、网络语言无缝对接，这样可以使学生与老师的关系更加亲密。

附：

新丰县实验小学AI课堂实践实验

为更好地贯彻教育部印发的《教育信息化2.0行动计划》，加快推进新丰县实验小学信息化教学进程，新丰县实验小学与广东某文化科技有限公司共同合作，开展"AI智能提分实验班"项目，运用大数据、云计算等技术为推动教育现代化提供开启智能时代教育可行性的实践经验。

一、基本信息

（一）项目载体

AI智能提分王学生学习平板。

（二）开设科目

新丰县实验小学六年级语文、数学、英语三科。

（三）开设班级

有A1班、A2班、六（2）班、六（3）班四个班级，其中A1、A2班为走读班，其他两个班为固定班。

（四）学习形式

学生通过平板做题，后台根据数据智能诊断学生知识弱点，精准推送题目给学生，让学生针对性做题，从而有效提分。

（五）学习时间

430课堂、课后辅导等。

二、前期准备

学校与广东某文化科技有限公司沟通，了解项目基本情况，该文化科技有限公司根据学校实际情况针对性制订"AI智能提分实验班"方案（一校一方案）。

（1）某文化科技有限公司成立"AI智能提分实验班"项目组，分为助教团队、技术团队和现场协助团队。

（2）学校动员教师，为实验班进行教师和科目的分配。

（3）某文化科技有限公司与学校共同成立"新丰县实验小学信息化教学研究院"，方便管理项目的一切事宜。

三、具体人员安排

（一）"新丰县实验小学信息化教学研究院"组织成员

1.顶级荣誉顾问（1人）

宋乃庆，西南大学二级教授，博士生导师，国家级教学名师，国务院政府特殊津贴享受者。

2.名誉院长（1人）

学校安排，待定。

3.院长（1人）

朱能法，新丰县实验小学校长，小学高级教师（副高级），广东省特级教师。

4.副院长（2人）

王春生，副教授，高级教师职称。

余小华，新丰县实验小学副校长。

5.院长助理（1人）

公司代表：秦佳鑫。

学校代表：学校安排，待定。

6.顾问团队（3人）

李昶，广东省教育技术中心副主任。

苏衡彦，教授，高级教师职称。

孙新，广东省中小学正高级教师职称。

7.教研团队（13人）

唐牡丹、罗萍静、吴湘紫、赖继周、陈慧晴、温雪梅、冯美娣、冯会燕、朱爱东、张玉环、徐燕、李院芳、李秀媚（暂定）。

8.技术团队（2人）

邹海龙，计算机应用专业，前E百分学生电脑创始人，具有多年公安信息化开发软件经验，现任广东书山有路文化科技有限公司研发总监，负责书山有路AI智能提分王系统的开发。

王小飞，办公自动化专业，前科大讯飞工程师，现任广东书山有路文化科技有限公司副总经理，负责书山有路AI智能提分王系统的开发。

9.对外业务办（2人）

学校安排，待定。

10.综合办公室（1人）

学校安排，待定。

（二）"新丰县实验小学信息化教学研究院"组织架构

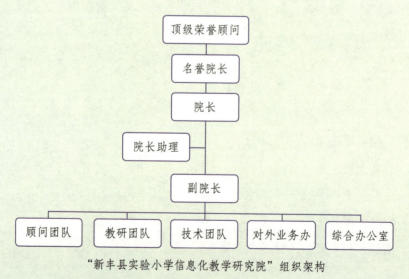

"新丰县实验小学信息化教学研究院"组织架构

四、教师教学安排

"AI智能提分实验班"教师分工表

分类 班级	任课教师			上课时间		
	语文	数学	英语	星期二	星期三	星期四
A1班	陈慧晴	温雪梅 冯会燕	徐 燕	数学	语文	英语
A2班	赖继周	冯美娣 朱爱东	李院芳			
六（2）班	余小华	张玉环	徐 燕	语文	数学	语文
六（3）班	陈慧晴	冯会燕	李秀媚	英语	语文	数学

五、课题经费预算

三个班学生，80（提分班两个）+100（普通班两个）个学生，AI智能提分实验班学生实验课题经费均约800元。

注：不得向家长收取任何费用。

润文化人

第四章

任务驱动：综合实践课程

新丰县实验小学"绿化美丽校园，践行善美文化"主题活动启动仪式

"智慧来自双手"是我校始终坚持的一个德育理念，现代的学生特别聪明、特别能干。但是受到社会条件和办学条件的局限，学生的动手实践能力和实验操作能力还是比较薄弱的。为此，我们打通了学科课程、学生生活、社会实践三融通的综合实践德育融合课程。根据国家的课程计划思想，这种因地制宜、一校一策的综合实践活动由国家做出编

写规定，地方教育行政部门和教研部门进行业务指导，当地的各所学校自主研究、自主开发、自主编写，上报上级教育行政部门审批之后成为学生必修课程之一，我们统编了实践劳动、校园绿化、乐团游学、社会公益等学生综合实践德育课程。这些德育实践融合课程以学生的实际生活背景和需求为课程开发资源，紧密结合学生的实际社会生活，以学生自主参与、自主体验为主要学习方式。德育实践融合课程具有其独有的融合性、综合性、季节性、实践性、自主性、开放性、生成性、内隐性等特点，德育综合实践活动是一门有目的、有计划、有组织、有评价的德育活动，活动蕴含了丰富的德育内容，为育人提供了德育行为实践和检验的有效载体。这些德育课程系统强调实践的德育功能，关注的是学生生活技能、劳动习惯、动手实践和合作交流能力的培养，自然而然地增进了学生与社会生活的紧密联系，培养了学生观察社会、认识社会、参与社会的责任感。

第一节　班级绿化活动：学生建设的
会生长的班级文化

德育综合实践课程是一门跟学生一起生长、成长的课程，它不是以文本为载体，而是以真实的活动过程为载体，以学生的社会性成长为评价标准的德育融合课程。在德育过程中，学生所有的观点、能力、习惯和品质要求都不是教师教出来的，而是在教师的带领下一起生活、一起参与做出来的，老师既是老师，也是学生，学生既是学生，也是主人翁，没有现成的答案和方案，只有因地、因时、因人而异的活动内容和活动形式。因此，在活动开展之前，老师和组织管理的成年人最需要做的是先提高自己再激发学生参与活动的兴趣，做好安全教育，分好活动小组，激发活动动机，随机自然地生成活动内容，及时进行过程指导，背后对记录实践结果等方面做好周密的安排。千万不要越俎代庖、包办代替，要让学生承担起责任，培养学生的组织能力、协调能力、自我管理能力。

种树苗的学生

每班都建有班级绿化区域，班级安排专人进行管理和维护，春天播种，夏天管理，浇水、除草、施肥，秋天收获，评比每天的劳动成果，进行劳动成果展。

每班分配有校园绿化美化管理包干区，每年植树节，全班参加植树活动，家长自愿报名参加，形成"我与小树共成长"育美教育主题。把学校周边农村的劳动能手请进校园，走入课堂，手把手教学生植物种植的知识、管理的方法，家庭、社区、学校共同实施德育实践课程。

"承德纳新，尽善尽美"，教育是什么？教育就是成长，在时间里的成长；教育更是生长，在感受中的生长。对于每个可爱的学生来说，教育就是个体智慧的生长和成熟，教育更是情感的播种、生根、长叶、开花、结果……

初春时节，花红柳绿，万物峥嵘。新丰县实验小学全体师生举行了"美丽校园，我的劳动"善美文化植树节植树活动，每个班、每个科组、每个部门都在校园种下了一棵珍贵的树苗，象征高贵的红玉兰树、象征智慧的菩提树、象征希望的万紫千红树……特别有意义的是，我们的活动得到了县教育局、县政府的高度重视，主管教育工作的谭雪梅副县长自己出钱买了菩提树苗送到学校，寄希望于学校，让学生成为爱智之人！县教育局关心指示，谆谆教诲，大力支持，和风细雨式叮咛……《小雅·鹿鸣》云："呦呦鹿鸣，食野之苹。我有嘉宾，鼓瑟吹笙。吹笙鼓簧，承筐是将。人之好我，示我周行。"

初夏时节，清风和煦，阳光明媚，新丰县实验小学举行"挂牌护绿，践行善美文化"活动，每个教师、每个学生、每个班级为之前精心种下的树苗挂上带有主人名字的牌子，负责日常管理和照顾之责任。"小树成长，我也成长，美丽校园，我的劳动"。

学校此项"美丽校园，我的劳动"德育主题活动得到了全校师生的大力支持，黄同学、叶同学、嵇同学等的家长主动买了树苗带孩子来学校亲手种植。我们感恩所有关心爱护学校的人，感恩社会各界给予的支持和帮助，感恩伟大的祖国！

第二节 环境为师意识：学生管理的会影响的环保理念

　　为了避免德育融合实践活动课程对学生品德发展影响的表层化、形式化、肤浅化的问题，我们设计了具有深远影响意义的"环保教育德育融合课程"，把生态文明教育的内容实实在在地实施到学生的日常德育生活中，寓教育于学生的日常德育活动中，让学生在实践体验中培养能力、提升品德。

　　认识生态文明，我们主要建设"最美校园""最美班级"，让学生认识自然生态的多样性，知道人与自然之间密切的关系，爱护自然就是爱护人类的未来。

　　形成文明自然观，我们开展了"最少垃圾班级""环保先进班"评比活动，每周像评选学风先进班集体一样把环保习惯和学习地位看得一样重要，学生需要从小就养成敬畏自然、不破坏自然环境、自觉保护自然的行为意识。

　　形成健康文明的生活方式，让学生养成节能环保的习惯；自觉养成爱护公物、不浪费自然资源的意识。我们开展了"节水工程""家庭光盘行动""绿色出行""环保志愿者"等主题活动。

　　学校有一个十分显著的特点，就是校园内几乎看不到垃圾桶，十分整洁干净。通过这种管理，我们让学生知道，第一，不要产生不必要的垃圾，产生垃圾的过程就是浪费自然资源的过程，要想和自然环境友好相处，就不要产生过多的垃圾。第二，不要养成随手扔垃圾的不好习惯，垃圾要分类、要保管到专门的场合进行回收，在实践中学会了解自然、尊重自然、敬畏自然。

第三节　香港游学组织：学生设计的会创造的国际交流

我们从2012年开始，连续五年参加香港的世界青年音乐交流活动，此项活动不是简单的音乐活动，而是重要的认识世界、认识不同文化的德育实践活动。

香港游学合影留念

与香港外教合影留念

在交流活动期间，上午是艰苦的排练工作，学生们都十分紧张、十分辛苦。下午是愉快的参观游览活动，看球幕电影、参观星光大道等。整个过程没有领导指挥，没有年龄大小之分，大家根据能力大小，自觉参与搬运器材、摆放乐器、调音调试、展板布置等义工劳动。不同地区来的孩子分散就座，主动结识新朋友，认识世界各地的人。

一、建立常态化的研学组织形式

世界青年音乐交流会每年举办两次，是音乐爱好者和音乐家组成的交流联盟活动，以中国香港为基地，新加坡、马来西亚等地的学生一起参与该活动。开展活动之前，我校用大约一年时间，由音乐家编排好曲目，各个乐团自行排练，时间基本固定，用一周左右的时间举行交流会演活动。

二、加强了研学的目的性

我们每三年为一个周期，在每个周期都有清晰的研学路线、计划、学习标准，把研学的教育性体现出来。

三、提高了研学的管理水平和学生的收获感

（1）世界各地的学生需要混龄和混籍参加活动，提高了学生的国际交往能力。

（2）学生都需要做义工性质的工作，自觉、主动地去帮助别人，使学生认为这是一件既正常又必需的事情。

（3）每次研修都要精心准备，认识和结交到一定数量的异国朋友。

（4）事无巨细，精细规划每一个，哪怕最小的行程。

第四节　家务能手比赛：学生劳动的
会甜蜜的家庭幸福

德育融合式课程实践活动的实施是一个社会、学校、家庭共同积极投入其中的系统性的大工程，是"三结合教育"的有效载体，课程的有效实施需要学校、家庭和社会各方力量共同参与。

结合我校留守儿童多的特点，重点开展了学生自我管理、自强自立实践融合课程建设，坚持开展"家务小能手"评价活动，围绕"育善"德育目标，倡导关爱留守儿童的新理念："与其同情，不如赋能"。会做家务的学生更自信、更阳光、更热爱生活，学习积极性会更高涨，意志力也比

一般学生好，在理想信念的树立上更有自己的主见。德育更主要的是生活教育。

第五节 学科综合实践：学生创客的会变化的学生教案

西方有一句教育名言："Tell me and I forget; Show me and I remember. Involve me and I understand.（告诉我，我会忘记；做给我看，我会记住；让我参加，我就会完全理解。）"《荀子·儒效篇》里也说："不闻不若闻之，闻之不若见之；见之不若知之，知之不若行之；学至于行之而止矣。"

德育是所有学科教学的基础，德育管理得好，学校校风就好；校风好，班风就好；班风好，学风正；学风正，学生学习能力强；能力强，学习质量就高，就能实现给学生赋能的目标。在学科教学中如何融合德育理念？关键在于转变教师、学生双边主次的关系，学生才是学习的"劳动人民"。在课堂教学中，理想信念教育很重要，学生支持课程教学设计更加重要，这是调动学生创新能力、体现学生智慧的具体措施。

一、学生的集体备课

我们认为在课程育人实践中，最重要的是让学生成为学习的主人，所以在语文、数学、英语的教学中，我们设计了课前学生进行集体备课的创新模式，指导学生解读教材、设计教法、研究教案，解决了传统教法的

"三个不知道"：课前，不知道学生不知道；课中，不知道学生不清楚；课后，不知道学生不明白。实践证明，研究德育是研究提高学科教学效果最好的途径，实验班级都取得了很显著的实验效果，学生树立学习的自信心，激发学习积极性，创新的课堂成了思维的课堂、交流的课堂、智慧的课堂。

我们提炼出了"和学生一起备课"实验课题，学生智慧是最重要的课堂智慧，学生资源是最大的课堂教学资源，课堂革命需要课堂教学思想的革命，把老师的课堂转变为学生的课堂，把教师变成"学生"，把学生变成"小老师"，把课室变成"实验室"。

（一）老师需要"零起点"学习

从学生的角度看待学习内容，从学生的角度寻找学习方法，从学生的角度发现学习问题，从学生的角度组织合作伙伴。

（二）学生需要"高起点"备课

给任务、给资源、给目标，赋能设计课堂，课室是学生、老师合作的"实验室"，一起设计实验方案，一起拟定实验假设，一起验证实验过程。

（三）内容需要"小而精"组装

主题式、项目式、融合式、任务式，各种学习方式都需要把课程内容进行标准化的重构和改造，形成一套"标准动作"，作为学生备课的参照物和评价量表。

（四）备课需要"全天候"安排

刚开始实验的时候，老师最多的意见是"没时间安排学生备课""学生没时间集中备课"，其实学生所有的课内外时间都是他们备课的时间，备课的过程就是十分重要的学习过程，设计教学就是设计学习，用"工程思维"解决陈述性知识的学习问题。

（五）过程需要"分和合"转换

学生集体备课是组内异质，还是异组异质？是四人小组，还是八人小组？最理想的是社区伙伴组合、混龄组合、分散组合。

二、"和学生一起备课"工作指南

（一）需要转变的几个方面

（1）重构师生关系（合作关系）。

（2）突破（创新）之处：用好学生的智力资源。

（3）"和学生一起备课"的两个要点：

① 教师要从零起点开始学。

② 学生从"等、靠、要"变成自己做"小老师"，从过程倒推路径。

（二）如何备课

（1）关于"小步子"的问题：每节课不超过三个学习目标。

（2）每个目标设计成三道练习题：相关的旧知识；与新学知识有关联的题目；例题。

（3）学生怎样才能教会自己的同学三道题目？

（4）小组模仿，每人都出一份三道题目的练习测试卷。

（三）教学语言的组织

用上"开始""接着""然后""再接着""最后"等关联词，或者用1、2、3、4来连接。

（四）教学水平（目标）三次测试安排

（1）参加备课的学生会做三道题。

（2）参加备课的学生会讲三道题。

（3）参加备课的学生会教三道题。

（五）一起备课的过程中让学生说出来比做出来更重要

最好的状态：学生能说会道。

（1）学生的听说读写综合素养的学习过程要在备课时有目的地设计出来。

（2）言之有物和言之有序是教学设计的重点。

（六）把陈述性知识设计成程序性知识

把用脑记的知识设计成活动式或动作性的形态，身体语言和内部语言的科学结合与灵活转换。

（1）现在的学生不喜欢坐而论道。

（2）现在的学生比较喜欢"做出来""说出来""唱起来"。

（3）动作表征比符号表征更能进入深度记忆。

（4）深度学习由身体语言（动作）开始，最终达到脑部储存的系统化整理。

（5）学习动作需要联结，动作之间要有固定的格式，不要让学生总是学习新的动作，不要把动作复杂化，学习动作不是目的，是知识的依附和载体，或者是知识的"桥梁"，过渡到学生内部言语才是目的。

（七）学习的重要性

激发学习动机比教知识更重要。

三、二次教学的意义

从2015年开始，我创设了"二次教学"模式，提出了"教就是最好的学"的理念。二次教学是一种赋能模式的课堂，是一种"描红教学法"，如同学习书法的过程，从描红到临帖再到脱帖创新，学生在同化（顺应）中整理了知识，形成了规律，掌握了学科的系统。同时在小组合作互教互学中学会了合作学习，学会了尊重同伴，学会了分享智慧，获得了成功感，增强了集体荣誉感。

（一）桌椅摆放

科学分组并合理利用教室空间进行桌椅摆放在小组合作的"二次教学"模式中起着重要的作用。在班级人数的构造中，我们选用4～7人一组的方式，每组成员组内按学习情况编排位置，组与组之间学生的质量基本一致，这样可以取长补短，促使学生之间互相学习。

（二）小组合作分工管理

根据小组成员的日常行为习惯以及学习状况，在每个小组中设定学生的号数排名：1号、2号、3号等依次递增。小组中每个号数都有自己的任务。1号为小组组长：负责统筹管理小组，及时对小组安排学习任务，组织小组合作学习。2号为纪律组长：管理小组上课及合作时的纪律。3号为宣传组长：收集整理小组的答案。4号为表达组长：负责小组发言。5号为卫生组长：负责小组的日常卫生，组织小组及时打扫、清理小组周围的环境。6号为仪容仪表组长：负责检查小组成员的仪容仪表。根据学生的变化情况，可以往上发展，改变号数。每个人都在为成为1号而努力。在小组每次合作学习中，1号负责组织学习，针对一个问题的多种思路，每个成员都可以分别讲解，最后由一人进行评价总结。比如，1号组织小组读书，读完以后自行用横线或标志对老师提出的问题进行解答，然后把各自的答案提炼成关键词，尝试对关键词进行语言重组，最后汇成自己的答案。1号在大家都已完成各自的任务后在小组中汇报，小组成员互评，特别指导5号、6号后进生。最后，小组长及时整理组内讨论成果，把有价值的信息推荐给全班同学，实现最大限度的资源共享。

（三）设计自主学习教案，优化教学指导

在自主学习课堂中，教师将权力下放，把学生推到课堂的主角位置上。在课堂组织中，老师告知本节课的学习任务，通过自学任务—互学任务—小组任务—班级任务几个环节，让学生在自学和互学中掌握课程的重难点，并能将自己的学习成果与成员共享、汇总，在全班同学面前进行学习分享，真正实现小组合作与自主合作的统一。

（四）适时引导，促进学习

在小组合作学习时，教师时刻关注学生的学习动态，合理引导、积极调控。在学生交流的过程中，了解学生合作的效果、讨论的焦点、思考的疑难点，引导学生完成任务，成为学生学习的"引导者"；及时表扬速度快、有创新的学生，并通过小组询问、个别询问等途径进行调查，教师要及时把没有参与到小组合作学习中或长时间保持沉默的成员置于小组的讨论中，有效地促进小组合作，成为小组合作的"促进者"；当小组间提出问题产生争论时，应深入小组中去参加小组的讨论，共同寻找解决问题的方法，成为小组成员的"合作者"。

（五）合理评价，及时升华

小组合作学习过程评价安排在学习的最后环节。在学生汇报完毕后，教师利用2分钟完成课堂总结。在评价的过程中，包括对学生的表现、小组合作的情况以及课堂表现情况进行反馈，并对课堂内容进行总结，升华文章的精神并略加指导，将课堂中有教育意义的内容反映于生活，从而让学生在下一次的合作展示中达到更好的效果，并在掌握课堂内容的同时升华精神。

课堂学习方式的转变其实对学生在整体素质方面有了更全面的要求和锻炼，大大调动了学生参与的积极性。在这次学习过后，我对小组合作模式有了新的认识，希望在未来的教学中能将这种模式应用于我们的班级。希望在后面的教学中，能根据实际情况进行教学修改，提升学生自主学习能力，改善教学效果。

四、结束语

润文化人，润物无声。善美文化是什么呢？从德育方面来说就是育善和育美，今天我们种下的是一棵棵树苗，明天它们会长成参天大树。今天我们播下的是一粒粒种子，明天我们留下的是一片精彩。培养人才不也是一样吗？绿化校园，我的劳动，种下的是树苗，留下的是回忆和故事，传承的是精神和追求……

让我们共同努力吧！

附：

在日常学习中融合学生自主建设的
班级文化评价要求

——新丰县实验小学"善美文明班"评比细则（试用）

一、指导思想

"我的班级，我们建设"。班级是学校的基本单位，班风班纪直接关系到校风校纪。为进一步推进素质教育，践行"承德纳新，尽善尽美"的办学理念，加强班队建设，培养学生文明行为习惯以及竞争意识，增强学生的集体观念和班级凝聚力，形成良好的教育教学秩序，促进学生管理工作规范化、制度化，特制定实施本评比细则。

二、组织机构

（1）学校成立由全体行政领导组成的德育领导小组负责部署、领导、审核各年级段文明班级工作。

（2）学校德育处组织值日行政、教师、值日学生负责全校文明班级评选活动的具体工作，相关部门应全力配合。

三、评比细则

（一）心灵美

心灵美具体做法及评分标准

序号	评价项目	评价办法
1	关心爱护同学，助人为乐	典型事例可根据实际情况一事加1~5分
2	拾金不昧	根据实际情况按人或事加1~5分
3	热心参加学校组织的各项临时性劳动。如功能场室清扫等	根据实际情况按人或事加1~5分
4	热心参加学校组织的各项公益性活动。如慰问敬老院老人等	根据实际情况按人或事加1~5分
5	热心参加学校组织的各项竞技性活动。如各科学习竞赛、征文、书画、图音体比赛等	按等级名次分别加分： 1.校级：10、8、7、6、5、4、3、2、1 2.县级：16、14、12、10、8、6、4、3、2 3.市级：20、16、14、13、10、8、6 4.省级：30、24、20、16、12、10

（二）语言美

语言美具体做法及评分标准

序号	评价项目	评价办法
1	在升旗、学校集会或年级集会的进场、会中、退场时和到功能楼、运动场上课时，一定要禁言，有序排队入场。严禁说话打闹、看书看报、吃零食、乱扔垃圾等不良行为	违者每项每人次扣2分

续 表

序号	评价项目	评价办法
2	在校内的任何地点、任何时候，严禁说粗言秽语	违者每人次扣5分
3	严禁唱不健康歌曲、看不健康书籍	违者每人次扣5分
4	严禁顶撞辱骂老师或给老师起绰号	违者每人次扣10分，情节严重者给予纪律处分

（三）行为美

行为美具体做法及评分标准

序号	评价项目	评价办法
1	1.进入校门开始穿校服，少先队员佩戴红领巾、校卡，值日生佩戴值日卡。2.少先队干部要正确佩戴相应的臂章	违者每人次扣1分
2	认真做眼保健操、课间操，认真参加大课间活动，不敷衍了事。病假和特殊情况学生除外，不得无故不参加大课间和体艺课堂活动	违者每人次扣1分
3	严禁在课室、走廊、楼梯、庭院等场所追逐打闹	违者每人次扣5分
4	严禁在花坛、草地等绿化带攀爬、踩踏、行走。严禁采摘鲜花，摇晃、攀折树木	违者每人次扣5分，破坏者照价赔偿
5	严禁攀爬教室、各功能场室、观景台、走廊等的窗户、栏杆。严禁在校内雕塑、石刻、树木、休息椅、黑板、墙壁等设施上攀爬、刻字、乱涂乱画	违者每人次扣5分，破坏者照价赔偿

续 表

序号	评价项目	评价办法
6	严禁进入校内所有水池追逐玩耍。严禁攀爬游泳池围栏或进入围栏内玩耍。严禁靠近校内施工点追逐玩耍	违者每人次扣5分
7	在升旗或大型活动时穿着校服，严禁穿奇装异服，男生严禁留长发、光背、赤脚或穿拖鞋；女生严禁烫发、化妆、戴首饰、穿高跟鞋	违者每人次扣5分，并限期整改
8	在校内所有通道、楼梯行走时一定要轻声慢步，有序排队，靠右行。严禁在校园骑自行车、在非运动场打篮球、踢足球、打闹起哄	违者每人次扣5分
9	严禁故意损坏桌椅、门窗、灯具、水龙头、实验仪器等设施设备	违者每人次扣5~10分，并照价赔偿，情节严重者给予纪律处分
10	严禁对检举、揭发坏人坏事者进行打击报复或陷害	违者每人次扣10分，情节严重者给予纪律处分
11	严禁吸烟、喝酒、打电子游戏或进入网吧等不良场所	违者每人次扣10分，情节严重者给予纪律处分
12	严禁参与或纠集校外人员参与打架、斗殴、勒索	违者扣10分，纠集校外人员扣20分，情节严重者给予纪律处分

（四）环境美

环境美具体做法及评分标准

序号	评价项目	评价办法
1	1.教室内地面干净整洁，天花板无蜘蛛网，讲台干净、不凌乱；课桌椅摆放整齐，抽屉不脏乱，整齐有序；门窗黑板干净，墙上无鞋印和球印等。 2.教室内杂物间物件摆放整齐有序，干净整洁，无明显异味。 3.卫生包干区经常保持清洁，按时打扫	1.教室内外责任区有果皮、纸屑等杂物，发现一次扣5分。 2.门窗玻璃不洁净（擦玻璃二楼以上不许到窗外），窗台、柜子、门框等有灰尘每处扣5分。 3.墙壁有乱写乱画现象每处扣5分。 4.桌椅排列不整齐、桌面有灰尘扣5分。 5.地面不整洁，有废纸、杂物等扣5分。 6.杂物间卫生工具放置散乱无序、有异味扣5分。 7.卫生包干区打扫不干净扣5分。 8.垃圾箱超过一天无故不清理扣5分，两天不清理加倍扣分；每周至少清洗一次垃圾桶，保持垃圾桶内外干净，否则扣5分
2	严禁在校园内乱扔垃圾、随地吐痰、吐口香糖。严禁飞踹墙面	违者每人次扣5分
3	1.如厕规范，便后冲水、洗手，严禁随地便溺。厕所保持干净整洁，无异味、无积垢、无积水。 2.严禁带除了厕纸之外的东西进厕所，导致厕所堵塞	1.违者每人次扣5分，负责班级对厕所不冲刷或打扫不合要求扣5分。 2.违者每人次扣5分，情节严重者扣10分，并通知家长负责维修好堵塞的厕所

续 表

序号	评价项目	评价办法
4	严禁带饮料、零食进入学校	违者每人次扣5分
5	严禁涂改学校通知、撕毁布告、破坏宣传橱窗	违者每人次扣5分，情节严重的通知家长来解决

四、其他

（1）班级发生需送县级医院治疗的安全责任事故，取消该班级当周的评优资格。班级发生需送市级以上医院治疗的安全责任事故，取消该班级学期的评优资格。

（2）值日班级要遵守值日规定，违者扣除该班级值日分10分。

（3）本评比细则从2016年9月5日开始施行。

（4）未明事宜，解释权归德育处。

（新丰县实验小学　2016年9月1日）

在劳动课程中有机融合德育要素的方法

一、成立创建绿色校园领导小组

学校所有的工作都是育人工作，在育人的形式和过程中落实育人的目标。为更好推动学校绿色校园建设，力争2018年创建成市级绿色学校，学校特此创建韶关市绿色校园学校领导小组。

组长：朱能法校长。

副组长：罗文尊德育副校长。

成员：

德育处：潘智基、潘朝炜、潘小兵、潘松林、叶思诗、谭思琦、俞雪娇。

教导处：余小华、罗萍静、唐牡丹、吴湘紫。

总务处：曾秀东、潘银河、胡小玲、潘光泽。

学校工会：邓本俊、罗素芳 。

少先队部室：潘朝伟、潘智基、林举明。

家长委员会代表：潘智文、陈慧姬、余少娜、陈美玲、陈河、陈智能、江长顺、叶学文、丘小燕。

年级组组长：潘小帅、陈赞荡、李佰福、李梅、温蕉花、李志红；各班班主任。

组长负责绿色学校创建的校园布局等全面工作。

副组长负责绿色学校创建计划的制订、组织各部门按计划实施、写好总结等工作。

德育处负责学校环境规划、建设、环境管理、课外实践、行为教育、资料整理归档等工作。

教导处负责绿色学校创建的师资培训、教育教学、教研活动的实施等工作。

少先队部室负责绿色学校创建的管理、宣传等工作。

总务处负责绿色学校创建的基地建设、环境状况建设和后勤保障等工作。

家长委员会代表协助绿色学校创建活动的开展等工作。

年级组组长负责年级组实施创建绿色学校等工作。

班主任负责班级实施绿色学校创建等工作。

二、加强宣传教育，提高思想认识，进一步增强环保意识

环境是关系千家万户、国计民生的大事，是一个国家、民族、地区、单位、家庭和个人健康文明的象征。搞好环境工作功在当代，利在千秋。

（1）学校充分利用集会、广播、标语，各班利用主题班会，各任课教师利用课堂教学时间加强有关环境保护方面的知识教育和宣传，并确保使之经常化。

（2）学校在2017年世界环境日到来之前邀请广东省环保厅专家做了一次环保知识讲座。

三、因地制宜，创造条件，加强校园环境建设

一是继续加大投入力度，进一步绿化、美化校园。2018年要新植花木700株（盆），厕所安装仪容镜9面，更换管道300多米，更换厕所蹲位40多个，校园内安装防四害装置9个，更换文明标识40多个，筹建公共书吧2个（占地300多平方米），室内体育馆安装喷淋500多米。

二是管护好原有的花草树木，学校施肥定期化，班级除草浇水经常化。

三是继续搞好厕所卫生。做到时时冲水，每周2次打扫厕所内卫生。

四是维护好现有的果皮箱、痰盂，使之能正常使用，每天清运公共垃圾桶的垃圾和班级垃圾，及时更换校园周边的防蛇物品（雄黄）。

五是严格执行学校《卫生管理办法》，切实搞好校园环境卫生，同时加强教育，保持好校园环境卫生。

六是搞好师生个人卫生。教育学生常理发、勤洗手、勤洗脸、勤刷牙、常洗衣服、不穿奇装异服、不乱扔纸屑杂物、不随地吐痰，养成良好的卫生习惯。

七是进一步搞好学校卫生室的建设，备好常用药品。坚持每学期对全校学生进行一次体格检查，建好学生健康档案。搞好传染病宣传与预防工作。

八是加强对校外商店卫生的监管，签订卫生安全责任书，明确双方的责、权、利。

九是消除卫生死角，尤其是不经常使用和平常不注意的场所要经常打扫。

四、创建工作的阶段划分

创建工作划分为三个阶段。

第一阶段：2月下旬至5月底，制订创建实施方案，进一步完善环境制度，绿化美化校园，栽花种草，健全环境建设组织，责任明确，各司其职，各项环境指标初见成效。

第二阶段：6月初至8月底，进行创建实施攻坚，查漏补缺。

第三阶段：9月初至10月底，邀请市、县绿色文明示范工程办公室进行复查，材料由县级验收。

（新丰县实验小学　2017年9月1日）

劳动课程系列化形成德育化育人功能的方法

创建省、市级绿色学校，要求高、任务重，完成创建工作需要付出很大的努力，我们一定要在上级部门的领导下树立创新意识，扎实工作，建设最美校园、最真的育人环境。

劳动课程如何从系列化形成德育化的育人功能？关键在于课程的设计理念，学校的劳动课程和社会的生产劳动既有天然的联系，也有自身不同的特点。

2015年学校成立初期，在朱能法校长的带领下，学校着手谋划新丰县实验小学劳动教育课程实施工作，经多次调查研究及各种人员会议的召开研究，最终决定了学校劳动教育特色课程——新丰县实验小学"智慧来自双手"劳动教育。2016年正式开展新丰县实验小学"智慧来自双手"劳动教育系列课程实践，学校为了推动"智慧来自双手"劳动教育开展了以下工作。

一、工作部署

（一）成立专门的领导班子

要切实抓好劳动教育必须有一套具体分管劳动教育教学的组织。我们成立了以校长朱能法为组长的劳动课程实验课题领导小组，学校中层领导、少先队大队辅导员、年级组组长组成的劳动教育领导小组。明确了学校德育处主要负责劳动教育实践课程的开发与实践，学校教导处主要负责劳动教育课堂教学的开发、课堂教学模式与课堂教学管理的实践。少先队负责开展传统节日的社会实践劳动教育，班主任负责实施劳动教育。

（二）建立"智慧来自双手"课程体系

学校出台了"智慧来自双手"劳动教育特色课程的教育目标、教育方式、教育经费保障等一系列政策保障。

（三）开展"智慧来自双手"课程实验推进活动

为了"智慧来自双手"劳动教育系列活动的顺利实施，学校召开党支部、学校行政人员、全校教职工、班主任、教导处、德育处、少先队大队部等多次会议，制定了各项相关的制度措施，保障了学校劳动特色教育活动的开展。

（四）列入学校经费的预算，保证课程改革经费的投入

劳动教育教学必须重视劳动实践，为改善劳动教育教学的条件，为鼓励教师热心劳动教育的教学，学校在教育经费十分拮据的情况下统筹安排了适当倾斜保证劳动教育经费的投入。6年来购买劳动用具、劳动资源、劳动工具、劳动实践费用等共投入经费10多万元人民币。

（五）加强课题实验过程的管理

自实施"智慧来自双手"劳动教育以来，学校教导处、德育处少先队大队部多次到年级组调研检查，发现问题及时解决，6年来共同协调、处理问题10多件，确保了学校劳动教育的顺利开展和质量的提升。

（六）初步取得良好的实验成效

学校开展的"智慧来自双手"劳动教育得到了上级教育部门、社会各界、家长的认同和赞扬。据不完全统计，各级部门转发学校开展的"智慧来自双手"劳动教育宣传稿件10多次。

二、劳动+德育工作开展的情况

（一）劳动课程的开发情况

我们根据学校的实际情况开发了"智慧来自双手"劳动教育系列课程，这些课程包含"智慧来自双手劳动教育之课堂教学活动""智慧来自双手劳动教育之家务实践劳动活动"；结合传统节日开展"智慧来自双手劳动教育之社会实践活动""智慧来自双手劳动教育之班级绿化劳动实践基地活动""智慧来自双手劳动教育之校务劳动实践活动"。

（二）劳动课程的落实情况

学校将劳动教育纳入课程表（具体在实践综合课中体现），根据劳动教育课程设计标准：四、五年级每学年以35个周计算，共68课时，每课时以35分钟计；六年级每学年以40个周计算，共40课时，每课时以40分钟计。在指定的学段范围内，各学科课程课时的具体安排（各周课时安排，起始年级的确定等）由学校统筹。学校的具体安排是：落实每周不少于7.5小时的劳动教育实践（校务、家务劳动实践），每周每班的课堂劳动教育课程不少于1课时，每学期社会劳动实践不少于1课时，课程包含劳动教育课堂教学、劳动教育基地实践活动、劳动教育社会实践活动。0.5小时的劳动教育校务实践活动，包含班级卫生打扫、学校包干区卫生打扫、班务整理等活动。0.5小时的家务劳动主要是指导学生在家里完成力所能及的家务，养成爱劳动的习惯。

（三）制定各类制度措施，促进劳动课程的落实

学校制订《劳动课课堂教学评价方案》《新丰县实验小学智慧来自双

手劳动教育之家务实践劳动活动实施方案》《新丰县实验小学智慧来自双手劳动教育之班级绿化劳动实践基地活动方案》《新丰县实验小学智慧来自双手劳动教育之校务劳动实践活动方案》《新丰县实验小学智慧来自双手劳动教育之传统节日劳动实践方案》，保障劳动教育课程的顺利落实。

（四）劳动教育基地的建设情况

学校结合实际，利用班级课室走廊建设班级绿化劳动实践基地，三到六年级每班配备8个花盆，用于班级种植花草劳动。每学年3月初，学校根据《新丰县实验小学智慧来自双手劳动教育之班级绿化劳动实践基地活动方案》制定了班级绿化劳动实践基地活动，统一规划、统一行动、统一劳动，营造劳动最光荣的氛围，培养学生热爱劳动的习惯。

（五）劳动教育的师资建设

提高质量抓师资，建设一支有较高素质的劳动课教师队伍是提高劳动教育教学质量的重要前提。为此我们对劳动课师资队伍的建设较为重视。我校设置2名专职老师和64名班主任兼职负责劳动技术课程。

（1）制订《劳动课课堂教学评价方案》。为使劳动课教师规范地上好劳动课，也使学校领导准确评价劳动课，我们根据教育学的基本原理、劳动课的特点、教学大纲的要求和学习同行一些行之有效的做法制订了《劳动课课堂教学评价方案》。

（2）组织培训和外出学习。我们有计划地组织劳动课骨干教师到外校听课学习。

（六）家务劳动作业的落实情况

学校制订《新丰县实验小学智慧来自双手劳动教育之家务实践劳动活动实施方案》，明确各班的家务劳动实践作业任务、家务劳动作业的评价方式和评价结果的使用，指引班主任督促家长监督学生落实家务劳动作业，每月初发放家务劳动作业卡，月底回收，班级根据家长的评价评出班级的劳动之星并张榜公布表扬，学校每学期根据班级的劳动之星评出校级的劳动之星，张榜公示表扬并发放奖品。

（七）专题研究促使劳动教育教学健康发展

我们以劳动课教学大纲为指针方法，采用"试点引路总结经验全面推广"的做法，几年来先后进行了以下专题研究。

（1）班级绿化劳动基地、家务劳动基地。学校利用家长学校向家长和学生宣传劳动教育的重要性，用"家务劳动卡"的形式建立家庭自理劳动、家务劳动基地。

（2）传统节日劳动基地。学校利用清明节、植树节、五一国际劳动节等节日为契机，组织和宣传学生开展劳动实践活动，带领家庭、社会参与、形成良好的劳动氛围。

（3）劳动实践基地活动。学校制订《新丰县实验小学智慧来自双手之校务劳动实践活动方案》，明确每个学生的劳动任务，营造班级学生人人有事干、事事有人干的良好劳动氛围。制定班级校务劳动实践评价卡，保障校务劳动实践的落实。

三、劳动+德育实践中存在的问题

当前我们的劳动教育课程主要存在以下问题。

（一）课时设置方面

虽然能够按照课程标准和有关文件要求开齐开足劳动教育课程，但由于多种因素，导致劳动教育课流于形式，难以发挥其独特的育人价值。

（二）师资力量方面

学校劳动教育课程师资力量非常薄弱，有限的专职教师也是从学校紧张的师资资源中艰难挪出的，无劳动技术特长，同时也缺少真正意义上的、有劳技专长的兼职教师。教师很少有机会参加专门的劳动教育培训，多是以工促学、工学结合、自学致用。

（三）教材选用方面

缺少统编教材，全校只有三年级有教材，无劳动教学目标和教学大纲，教材是学校开展劳动教育的重要载体，没有载体，学校的劳动教育变成了无本之木、无源之水，变得随意，缺乏计划性和系统性。

（四）劳动实践方面

学校的劳动实践形式多以打扫卫生、整理内务为主，打理班级花草、浇水、松土，或开展志愿服务居多，学生难以学得劳动技术。

四、劳动+德育课程的实践经验

紧密结合经济社会发展和学生生活实际，积极探索具有地域特色的劳动教育模式，创新体制机制，注重教育实效，实现知行合一，促进学生形成正确的世界观、人生观、价值观。

（一）准确把握劳动教育与德、智、体、美的和谐统一关系

实现以劳树德、以劳增智、以劳强体、以劳育美。培养学生形成勤俭节约、踏实肯干、意志坚定、团结协作的优良品质；培养学生形成基本的生活生产劳动技能、初步的职业意识、创新创业意识和动手实践能力；培养学生强健的体魄、形成健康的身心和健全的人格；培养学生在劳动创造中形成发现美、体验美、鉴赏美、创造美的意识和能力，从而提高审美能力和人文素养。

（二）理论与实践相结合

要构建课程完善、资源丰富、模式多样、机制健全的劳动教育体系，把劳动教育融入劳动课程、校内外劳动实践、家务劳动等环节，促进理论学习与应用实践贯通，实现学以致用的目标。

（三）要创新劳动教育的途径及方式方法

要坚持思想引领，不仅让学生学习必要的劳动知识和技能，更要通过劳动帮助学生形成健全人格和良好的思想道德品质。要坚持有机融入，

有效发挥学科教学、社会实践、校园文化、家庭教育、社会教育的劳动教育功能，让学生在日常学习生活中形成劳动光荣、劳动伟大的正确观念。要坚持实际体验，让学生直接参与劳动过程，增强劳动感受、体会劳动艰辛、分享劳动喜悦、掌握劳动技能、养成劳动习惯、提高动手能力和发现问题、解决问题的能力。

（四）家庭教育与学校教育要互相配合、保持一致

为了更好地对学生进行劳动教育，家庭教育与学校教育必须互相配合，思想认识上必须保持一致。因为家庭教育是培养人、教育人系统工程中的主要环节，是一切教育的基础。家庭教育与学校教育只有相互协调、取长补短，充分发挥各自的优势和多渠道一致影响的叠加效应，才能取得最佳的整体教育效果。

在日常管理中融合环保理念熏陶和
生态文化评价要求
——新丰县实验小学开展"环保先进班"活动方案

一、活动宗旨

新丰县实验小学是我县按现代化标准建设的实验性学校，为进一步推动素质教育，践行"承德纳新，尽善尽美"的办学理念，以倡导绿色文明，加强环境教育，将保护环境、合理利用资源、节约资源的意识和行为渗透到学生的日常学习与生活中，丰富校园文化，提高学生动手实践能力，进一步培养我校学生的绿色生活习惯，结合我校的实际情况，特制订"环保先进班"评比方案。

二、评比标准

"环保先进班"评比方案见前文"环境美具体做法及评分标准"。

评比方式：

（1）每周由检查教师、学生在上午大课间到各班检查。

（2）学校行政领导随机检查。

（3）在学校安排大搞卫生时，不搞大清洁卫生的班级取消评选资格。

（4）每周评出12个班，得分高的班级可获得"环保先进班"荣誉称号。

在日常习惯培养中融合环保理念熏陶和生态文化细节标准

在《中小学德育工作指南》中，对于生态文明教育是这样要求的：引导学生了解祖国的大好河山，认识大自然，学会与大自然和谐相处；树立尊重自然、顺应自然、保护自然的发展理念，学会按照大自然的规律和规则做事，不断增强保护环境的自觉性、主动性；树立可持续发展理念、生态文明理念；养成低碳环保、勤俭节约、热爱劳动的良好生活习惯，形成健康文明的生活方式。

一、系统化构建生态文明知识，形成大教学观、大教育观、大课程观

语文、数学、道德与法治、科学、信息技术、体育与健康、美术、音乐、劳动等课程都编排有生态文明教育的内容，需要学校教务部门和教研员统筹整理，形成大的育人学科系统。

二、认识生态文明，感悟自然规律

（一）欣赏大自然的美丽

认识母亲河——新丰江，山清水秀，生态优越。新丰是广东省东江流域重要干流新丰江的源头，境内新丰江长77.4千米（占总长度的47.5%）、

流域面积1240平方千米（占总流域面积的21.3%），是新丰江水库（万绿湖）重要水源地，优质的水源惠及广州、深圳、香港大湾区数千万民众。境内崇山峻岭，林木葱郁，森林覆盖率81.15%，森林蓄积量1015.9立方米；大小山峰1108座，千米以上山峰67座，其中云髻山主峰海拔1438米，是环珠三角最高峰，奇峰异石，可"春赏山花，夏弄清风，秋观红叶，冬踏冰雪"。城市空气质量优良率97.71%，饮用水源地水质达国家Ⅱ类水标准，城市区域噪声达标率100%。有国家级湿地公园鲁古河自然保护区、省级自然保护区云髻山，是国家重点生态功能区、全国生态示范区建设试点县、广东省重点生态功能区、广东省林业重点县。

新丰属典型的山区县。境内山高岭峻，地势险要，山峰林立，山脉纵横交错。东部为九连山山脉，西部为青云山山脉，呈东北—西南走向斜贯全境。地势为中北部较高，东西部稍低，形成一条条狭长的山谷地带和一个个小型盆地。境内有大小山峰1109座，其中千米以上65座。距县城北面8公里的云髻山，又名阿婆髻，海拔1438米，是县内最高峰。境内丘陵、盆地广布，河谷平原狭小，有山地面积1698.9平方千米，可耕地面积173.2平方千米，水域面积42.9平方千米，其他用地面积100.2平方千米，素有"九山半水半分田"之称。

县境内水系受山脉走向和断裂构造的影响，形成新丰格子状水系。整个水系以青云山脉为界，以东属东江水系，新丰江干流发源于云髻山麓；以西属北江水系，各条支流大致呈平行状向西北流入翁江，于英德城南汇入北江。全县有大小河流568条，总长293.2千米，其中集西面积100平方千米以上的主要河流有1条干流和8条支流。

新丰县境内气候温和，雨量充沛，光照充足，无霜期长，四季分明，属南亚热带季风气候。常年平均气温20.3℃，常年平均无霜期320天，常年平均降雨量1889.3毫米，常年平均日照1484小时。中部偏北属高寒山区，常年平均气温比县城低1～2℃，昼夜温差大，适宜种植反季节蔬菜和高山花卉。

清晨的新丰县古树公园

傍晚的新丰县古树公园

（1）秀田古树公园简介。秀田古树公园位于新丰县马头镇秀田村，距县城18公里。古树学名秋枫，共有两棵，造型秀丽，其中一棵树干已空，需八人伸手方能合围，另一棵则分枝四处，繁茂婆娑，当地村民视为神树。公园规划面积29000平方米，集旅游观光、绿色生态、文化乡村、公共服务等功能于一身，展现了美丽乡村文化生态休闲活动特色。该公园以两棵有400多年历史的古秋枫树为中心，划分为四个功能区。公共服务区包括便民服务站、卫生综合楼、文化站、公厕等公共服务设施；古树保护区包括古秋枫树、绿地、园林、秋水湖等生态景观；文体活动区包括篮球场、休闲广场、健身广场等休闲活动场所；客家文化区包括两座古老的客家围屋、炮楼、华公书院以及客家文化和秀田村史等历史人文展示。

（2）除此之外，还有一些著名景点，例如，新丰县博物馆、下埔村、大陂村、风度书房、鲁古河国家湿地公园、竹林古寺、森涞大丰茶叶庄园、云髻山旅游区、大丰观光休闲农场、九栋十八井、佛手瓜村、樱花峪景区、新丰江源温泉旅游度假山庄等。

（二）感受祖国大好河山

英雄的母亲河的故事——新丰县解放的过程读本。

（三）了解生物的多样性

新丰江流域生态的多样性。

（四）培养热爱大自然的情感

我家乡的变化课程。

三、形成生态观念，保护自然环境

（1）尊重大自然规律的故事——《自然之道》。

（2）敬畏大自然的读本——《有这样一个小村庄》。

（3）保护大自然的例子——《小狮子艾尔莎》。

四、养成文明生活，践行生活的理念

（1）我家乡的变化——美丽乡村建设图片展。

（2）家乡发展的喜与忧——新丰县风景的变迁：新丰八景的新旧图片。

（3）人类只有一个地球——蓝色星球的保护。

二次教学流程

一、导一导（3分钟）

自由朗读课文。

二、听一听（7分钟）

字：点名带拼音读。

带拼音齐读两遍。

词：点名带拼音读。

带拼音齐读两遍。

解释词语意思。

三、教一教（15分钟）

由"小老师"带领小组完成以下学习清单：

（1）学习生字词。

① 读生字词。

② 用词语说一句话。

③ 抄写生字词。

④ 听写。

（2）朗读课文。

（3）归纳主要内容。

四、讲一讲（5分钟）

由"小老师"带领小组上台展示学习成果：

（1）展示听写结果。

（2）朗读课文。

（3）归纳主要内容。

五、理一理（10分钟）

先总结这节课学习的内容，再择取课后习题理一理。

参 考 文 献

［1］李春华.葫芦丝巴乌实用教程［M］.昆明：云南人民出版社，2017.

［2］中华人民共和国教育部.全日制义务教育语文课程标准（实验稿）［S］.北京：北京师范大学出版社，2001.

［3］杨晓萍.教育科学研究方法［M］.重庆：西南师范大学出版社，2006.

［4］王军.走进新课程［M］.北京：学苑音像出版社，2004.

［5］成有信.教育学原理［M］.郑州：大象出版社，1993.

［6］郭思乐，邢最智.中小学教育科研基础［M］.广州：广东人民出版社，1999.

［7］黄全甫.课程与教学论［M］.北京：高等教育出版社，2003.

［8］胡中锋，李方.教育测量与评价［M］.3版.广州：广东高等教育出版社，1998.

［9］何钟秀.现代管理学概念［M］.3版.杭州：浙江教育出版社，1985.

［10］林崇德.发展心理学［M］.北京：人民教育出版社，1995.

［11］李方.教育管理技术基础［M］.广州：广东高等教育出版社，1999.

［12］梁渭雄，孔棣华.现代教育哲学［M］.广州：广东高等教育出版社，1999.

［13］孙联荣.校本视导理论与实践初探［M］.上海：上海三联书店，2009.

［14］施铁如.学校教育科学研究［M］.广州：广东高等教育出版社，1998.

［15］王道俊，王汉澜.教育学［M］.2版.北京：人民教育出版社，1999.

［16］王德清.学校管理学［M］.成都：四川大学出版社，2005.

［17］张大均.教育心理学［M］.2版.北京：人民教育出版社，2004.

［18］张贵新，侯国范.新课程理念下的创新教学设计小学语文［M］.长春：东北师范大学出版社，2002.

［19］朱能法.新课程2+1+1教学模式［M］.北京：中国戏剧出版社，2006.

［20］张厚粲.心理学［M］.天津：南开大学出版社，2003.

［21］彼得·W.艾瑞逊.课堂评估——一种简明的方法［M］.夏玉芳，译.长沙：湖南教育出版社，2008.

［22］Grant Wiggins.教育性评价［M］.国家基础教育课程改革"促进教师发展与学生成长的评价研究"项目组，译.北京：中国轻工业出版社，2005.

［23］孙希旦.礼记集解［M］.北京：中华书局，1989.

［24］朱熹.四书章句集注［M］.今良年，译.上海：上海古籍出版社，2006.